Peter Michel

ATLANTIS

Auf der Suche nach einer versunkenen Welt

Peter Michel

ATLANTIS

Auf der Suche nach einer versunkenen Welt

Aquamarin Verlag

1. Auflage
Deutsche Originalausgabe

Voglherd 1 • D-85567 Grafing

Umschlaggestaltung: Annette Wagner
Titelbild: Ivoy • Bad Kreuznach

Druck: Ebner • Ulm

ISBN 3-89427-190-6

INHALT

EINFÜHRUNG

Vor rund 2500 Jahren verfasste Platon seinen unsterblichen Dialog „Timaios", dem kurze Zeit später noch der „Kritias" folgen sollte. In diesen beiden Spätwerken ließ er den griechischen Staatsmann Solon seinen Bericht über Atlantis erzählen, so wie er ihn von seinen ägyptischen Gewährsleuten erfahren hatte. Ein literarisches Ereignis, das wie kaum ein anderes Weltgeschichte schrieb. Auch am Beginn des 3. Jahrtausends christlicher Zeitrechnung fasziniert die Atlantis-Frage noch immer die Menschheit.

Ständig erscheinen weitere Sachbücher über den „Mythos Atlantis", manche in der Tat sachlich, andere hingegen nur noch phantastisch. Beiden gemein jedoch ist die bleibende Faszination an jenem untergegangenen Kontinent, der von Platon im Atlantik vermutet wurde.

Doch nicht nur auf literarischem Gebiet beschäftigt Atlantis die menschliche Kreativität und den Forscherdrang, auch die schönen Künste konnten der Versuchung des Stoffes nicht widerstehen. Als die Flower-Power-Welle auf ihrem Höhepunkt stand, komponierte Donovan eines seiner schönsten Lieder, das auch textlich interessante Anlehnungen bei Platon vornahm. Dieser „Atlantis-Song", scheinbar in Vergessenheit geraten, erlebte plötzlich eine Wiederauferstehung, als ihn Walt Disney, der amerikanische Mediengigant, zur Titelmelodie seines Atlantis-Zeichentrickfilms machte. Nun kann man den Disney-Managern manches vorwerfen, keinesfalls aber, dass sie nicht ein Ohr am Pulsschlag des Zeitgeistes haben. Atlantis bewegt die Herzen der Menschen. Was mag der Grund dafür sein?

Wenn man die Frage nach dem Interesse an historischen Themen einmal vom esoterischen Standpunkt aus betrachtet, dann drängt sich eine Antwort besonders auf - Reinkarnationserinnerungen. Warum sind bestimmte Menschen an bestimmten historischen Epochen besonders interessiert, andere wiederum gar nicht? Die Antwort der esoterischen Philosophie lautet: Weil die eine Individualität in Griechenland inkarniert war, die andere jedoch nicht. Diese interessiert sich dafür besonders für den 30-jährigen Krieg. Die Seelen speichern die uralten Bilder der Vergangenheit auf, und allmählich, vielleicht durch zunehmende Bedeutung der Meditation im Leben vieler Menschen, sickern sie auch in das Alltagsbewusstsein, in das physische Gehirn ein. So ließe sich überzeugend erklären, warum manche Archäologen oder Altertumsforscher mit geradezu traumwandlerischer Sicherheit verschüttete Plätze finden oder bisher unentschlüsselte Hieroglyphen zu entziffern vermögen. Die Seele weiß um die vergangenen Dinge!

Könnte es also sein, dass gegenwärtig besonders viele Seelen inkarniert sind, die auch zu atlantischen Zeiten schon der Menschheitsevolution angehörten? Kehren die Atlanter zurück, um der Menschheit in einer „Wendezeit" zu helfen, bestimmte Krisen zu bewältigen, oder stürzen uns alte Seelen erneut in ein Unheil, das schon vor mehr als zehntausend Jahren Atlantis in den Untergang riss?

Die nachfolgenden Darlegungen wollen versuchen, den gegenwärtigen Forschungsstand in der Atlantis-Frage zu dokumentieren sowie den möglichen Beziehungen zwischen der gegenwärtigen Menschheit und dem untergegangenen Atlantis nachzugehen. Dies wird, bedingt durch die Natur der Sache, einen Brückenbau zwischen empirischen Erkenntnissen und geistigen Einsichten erfordern.

Die erste Brücke wird nach Westen errichtet werden müssen, hinaus auf den Atlantischen Ozean, denn wenn man allein nach dem Namen geht, so liegt der Persische Golf bei Persien und der Indische Ozean bei Indien. Doch wo ist das Atlantis, das dem Atlantischen Ozean seinen Namen gab? Wohl kaum im Mittelmeer (Thera-Hypothese) oder in der Nordsee (Helgoland-Hypothese). Diese und andere Erklärungsversuche haben alle nicht lange Bestand gehabt, denn Platon ließ keinen Zweifel daran, dass Atlantis einst „westlich der Säulen des Herakles" lag, also westlich von der Meerenge vor Gibraltar. Dorthin muss sich also das Augenmerk richten, und am Anfang aller Untersuchungen müssen die Worte des großen griechischen Philosophen stehen, auf dessen Schultern die gesamte Philosophie des Abendlandes ruht. Wer möchte allen Ernstes behaupten, der weise Grieche habe ausgerechnet an seinem Lebensabend sich noch einen philosophischen Spaß erlauben wollen und die Atlantis-Legende *erfunden*, gleichsam als weltgeschichtlichen Frühscherz. Platon wollte, am Ende seines wegweisenden Erdenlebens, der kommenden Menschheit die Erinnerung an den Untergang von Atlantis auf den Weg geben, als Mahnung und als Inspiration.

I. DIE URSPRÜNGE DES ATLANTIS-MYTHOS BEI PLATON

Die Platonismus-Forschung bietet sicher kein einheitliches Bild, was beispielsweise die Deutung der Ideenlehre oder die Frage nach einer „ungeschriebenen Lehre" Platons betrifft, doch herrscht Übereinstimmung hinsichtlich des Verfassers der bedeutenden Dialoge. Es gibt heute keinen Philosophen von Rang, der ernsthaft bezweifeln würde, dass Platon der Verfasser des „Timaios" und des „Kritias" war. Beide Dialoge zählen zum Spätwerk und erhielten etwa zwischen 350 und 348 v.Chr. ihre letzte Fassung.

TIMAIOS

Im Timaios berichtet Platon (21d - 22a) vom Besuch des Solon in Ägypten, der dort eine „wahre Begebenheit" vernommen habe. „Es ist in Ägypten, entgegnete er, im Delta, an dessen Spitze der Nil sich spaltet, ein Gau, der der Saitische heißt und dessen größte Stadt Sais ist, aus welcher auch der König Amasis stammte. Diese Stadt hat eine Schutzgöttin, in ägyptischer Sprache Neith, in hellenischer, wie jene sagen, Athene geheißen. Die Bewohner aber sagen, sie seien große Athenerfreunde und mit den hiesigen Bürgern gewissermaßen verwandt. Dorthin, erzählte Solon, sei er gereist, habe da eine sehr ehrenvolle Aufnahme gefunden und, als er die der Sache am meisten kundigen Priester über die alten Zeiten befragt, erkannt, dass so ziemlich weder er noch sonst einer der Hellenen von dergleichen Dingen das geringste wisse. Einmal habe er aber, um sie zu Erzählungen von den alten Zeiten zu veranlassen, von den ältesten Geschichten des hiesigen Landes zu berichten begonnen, vom Phoroneus, den man den Ersten nennt, und von der Niobe, ferner nach der Wasserflut die Sage von Deukalion und Pyrrha, wie sie glücklich durchkamen."

Zur Zeit des Solon regierten die Pharaonen der XXVI. Dynastie, die aus Sais in Unterägypten stammten. Sie hatten das Land von der Herrschaft der Assyrer befreit und bemühten sich, mit dem aufstrebenden Griechenland kulturelle und wirtschaftliche Beziehungen anzuknüpfen. Das erste Ergebnis dieser neuen Freundschaft war eine ägyptisch-griechische Übersetzerschule in Sais. „Diese Stadt suchte Solon auf, und er interessierte sich dort vor allem für den Tempel der Neith, die in Griechenland Athene heißt, die Namensgeberin der Heimatstadt Solons. In diesem Tempel studierte er ausgiebig, entweder noch bei dem Priester Pateneit (wie Proklos meint) oder schon bei dem berühmten Psonchis (wie Plutarch meint), vielleicht auch bei beiden. Einer dieser Priester jedenfalls machte Solon mit einer Säuleninschrift im Neith Tempel vertraut.

In ihr waren reiche und konkrete Informationen über das Weltreich von Atlantis festgehalten. ... Der Hauptgrund dafür ist, dass in Ägypten umfassende Steininschriften, die mehrere tausend Jahre alt waren, die Zeitläufte überdauert hatten. Hinzu kommt, dass die Ägypter oder vielmehr die Eingeweihten unter ihnen seit annähernd zweieinhalb Jahrtausenden vor Solons Aufenthalt in Ägypten sich mit solchen Inschriften beschäftigt und ihr diesbezügliches Wissen durch zusätzliche Erkundungen angereichert hatten."[1] Ägypten verfügte über ein Mysterienwissen, das Jahrtausende älter war als die Erkenntnisse der Hellenen. So kann es nicht verwundern, dass die größten Geister Griechenlands (auch Pythagoras) nach Ägypten zogen, um von den großen Eingeweihten am Nil zu lernen.

Der weise ägyptische Priester fährt daher in leicht spöttischen Worten fort: „Jung in den Seelen seid ihr alle: denn ihr hegt in ihnen keine alte, auf altertümliche Erzählungen gegründete Meinung noch ein durch die Zeit ergrautes Wissen. Davon liegt aber darin der Grund. Viele und mannigfache Vernichtungen der Menschen haben stattgefunden und werden stattfinden, die bedeutendsten durch Feuer und Wasser, andere, geringere, durch tausend andere Zufälle. Das wenigstens, was auch bei euch erzählt wird, dass einst Phaethon, der Sohn des Helios, der seines Vaters Wagen bestieg, die Oberfläche der Erde, weil er die Bahn des Vaters einzuhalten unvermögend war, durch Feuer zerstörte, selbst aber, vom Blitze getroffen, seinen Tod fand, das wird wie ein Märchen berichtet; das Wahre daran beruht aber auf der Abweichung der am Himmel um die Erde kreisenden Sterne und der nach langen Zeiträumen stattfindenden Vernichtung des auf der Erde Befindlichen durch mächtiges Feuer." (22c) Dieses „Märchen" wird noch zu beachten sein, wenn es um die Frage einer möglichen Zerstörung von Atlantis durch einen Planetoiden-Einschlag geht.

Nachdem Solon noch weitere Belehrungen über die ältesten Kulturzeugnisse erhalten hat, die in Ägypten aufbewahrt werden, fügt sein Priesterlehrer hinzu: „Die Zahl der Jahre aber seit der hier bestehenden Einrichtung unseres Staates ist in der geweihten Schrift auf achttausend Jahre angegeben." (23e) Im Anschluss wird dann von den frühen Vorfahren der Griechen gesprochen, wobei man berücksichtigen muss, dass die gesamten Ausführungen in einer für die orthodoxe Geschichtsschreibung 'prä-historischen' Zeit liegen. Es geht offensichtlich um Völker, die mit den späteren Ägyptern und Griechen nur den Lebensraum gemeinsam hatten; beides wahrscheinlich frühe Lebensbereiche von Überlebenden oder Ausgewanderten des versunkenen Atlantis. Kriegerische Auseinandersetzungen sollen von einer atlantischen Streitmacht ausgelöst worden sein, die vom Atlantik her über Europa und Asien zogen, denn „damals war dieses Meer schiffbar", wie Solon erfährt. „Denn vor dem Eingange der, wie ihr sagt, die Säulen des Herakles heißt, befand sich eine Insel, größer als Asien und Libyen zusammengenommen, von welcher den damals Reisenden der Zugang zu den übrigen Inseln, von diesen aber zu dem ganzen gegenüberliegenden, an jenem wahren Meere gelegenen Festland offenstand. Denn das innerhalb jenes Einganges, von dem wir sprechen, Befindliche erscheint als ein Hafen mit einer engen Einfahrt; jenes aber wäre wohl wirklich ein Meer, das es umgebende Land aber mit dem vollsten Recht ein Festland zu nennen. Auf dieser Insel Atlantis vereinte sich auch eine große, wundervolle Macht von Königen, welcher die ganze Insel gehorchte sowie viele andere Inseln und Teile des Festlandes; außerdem herrschten sie auch innerhalb, hier in Libyen bis Ägypten, in Europa aber bis Tyrrhenien. Diese in eins verbundene Gesamtmacht unternahm es nun einmal, euer und unser Land und das gesamte diesseits des Eingangs gelegene durch einen Heereszug zu unterjochen. Da nun, o Solon, wurde das Kriegsheer eurer Vaterstadt durch Tapferkeit und Mannhaftigkeit vor allen Menschen offenbar. ... Indem aber in späterer Zeit gewaltige Erdbeben und Überschwemmungen eintraten, versank, indem nur ein schlimmer Tag und eine schlimme Nacht hereinbrach, eure Heeresmacht insgesamt und mit einem Male unter die Erde, und in gleicher Weise wurde auch die Insel Atlantis durch Versinken in das Meer den Augen entzogen. Dadurch ist auch das dortige Meer unbefahrbar und undurchforschbar geworden, weil der in geringer Tiefe befindliche Schlamm, den die untergehende Insel zurückließ, hinderlich wurde.“ (24e - 25d)

KRITIAS

Mehr noch als im Timaios, geht Platon der Atlantis-Frage im Kritias nach. Dies führte dazu, dass in der Antike der Kritias sogar mit dem Namen „Atlanticus“ bezeichnet wurde. Proklos schreibt in seinem umfangreichen Kommentar zum Timaios: „Daher sagt Kritias im *Atlanticus*, nachdem er eine Versammlung der Götter einberufen hatte, um die Atlanter zu bestrafen: „So sprach Jupiter zu ihnen.““[2] Die Platon-Forschung konnte bisher nicht klären, wann und von wem der Ausdruck „Atlanticus“ erstmals für den „Kritias“ verwandt wurde, doch zweifelsfrei wird deutlich, dass dieses Spätwerk Platons ausschließlich der Atlantis-Thematik gewidmet wurde.

Auch im Kritias gibt Platon einen Zeitrahmen von 9000 Jahren für die kriegerischen Auseinandersetzungen an, von denen Solon erfährt und bestätigt die Lage und Größe von Atlantis. Die Bezeichnung „größer als Asien und Libyen“ dürfte dabei symbolisch gemeint sein und ausdrücken, welche große Landmasse Atlantis umfasste. Möglicherweise nahm man in Ägypten auch an, dass Atlantis im Laufe der Jahrtausende mehrfach seine Größe verändert hat, worauf später noch einzugehen sein wird.

Die Ursprünge der atlantischen Kultur verblieben für Platon im mythischen Bereich. Einst teilten die Götter die Erde unter sich auf und „so bevölkerte auch Poseidon, dem jene Insel Atlantis zum Lose fiel, dieselbe mit seinen eigenen Nachkommen, die er mit einem sterblichen Weibe an einer folgender Gestalt beschaffenen Stelle der Insel erzeugte. ... Ferner zeugte er fünf männliche Zwillingspaare, ließ sie auferziehen und verlieh, indem er die ganze Insel Atlantis in zehn Teile teilte, dem zuerst Geborenen des ältesten Paares den Wohnsitz seiner Mutter und den diesen rings umgebenden Anteil, als den größten und vorzüglichsten, und machte ihn zum König der übrigen, die übrigen aber zu Statthaltern; jedem derselben bestimmte er eine Statthalterschaft mit zahlreichen Bewohnern und einem weiten Gebiete. Allen gab er Namen, dem Ältesten und Könige aber denjenigen, nach welchem auch die ganze Insel und das Meer genannt wurde, welches deshalb das Atlantische hieß, weil damals der erste König Atlas hieß." (113c/114a)

Der immer wieder erhobene Einwand, der Name des Atlantischen Ozeans könne auch auf das Atlas-Gebirge zurückzuführen sein, wurde schon 1954 von Otto Heinrich Muck, einem der fähigsten Atlantis-Forscher, entkräftet. „Man weiß, dass der Berg Atlas seinen Namen erst relativ spät erhalten hat. Bei den Eingeborenen hieß er, Strabo zufolge, Dyris oder nach Plinius Daran. Die Benennung des Ozeans außerhalb der „Säulen des Herakles" mit dem Namen Atlantis - also genau wie die Insel selbst – ist erweislich viel älter. Das Meer kann nicht dem nordwestafrikanischen Gebirge nachbenannt worden sein. Dieses und vor allem sein Hauptgipfel sind vielmehr umbenannt worden - warum, kann leicht gezeigt werden.

Das Herodot-Zitat gibt darüber Aufschluss. Die Benennung des Hochberges ist mit Rücksicht auf seine Größe, seine Wolkenumhüllung und seinen imposanten Eindruck erfolgt: weil er fast ebenso aussah wie jener Ur-Atlas, der einst dem Meer den Namen gegeben hatte. Von jenem ist der Name auf den afrikanischen Hochberg übergegangen, als der Ur-Atlas im Atlantik versank - er und mit ihm seine Insel mit allem, was sie trug. Die Beweise dafür finden wir auf den spärlichen Relikten der ehemaligen Großinsel: den Azoren."[3]

Die Nachkommen des Atlas herrschten, so Platon im Kritias, „viele Menschenalter hindurch". (114d) Sie bewirtschafteten eine geradezu paradiesisch zu nennen Vegetation, errichteten eine Hochkultur und erlangten dabei auch eine Fülle an technischen Fertigkeiten. (115a-c) Die Königswürde wurde vom Ältesten auf den Ältesten übergeben und der jeweilige Herrscher regierte auf einer mächtigen Königsburg, die Platon in allen Einzelheiten beschreibt. (116a-e) Die Gesetze wurden vom Rat der zehn Könige gemeinsam erlassen und keiner durfte Gewalt gegen den anderen ausüben. Diese weise Herrschaft dauerte eine lange Zeit. „Viele Menschenalter hindurch, solange noch die göttliche Abkunft bei ihnen vorhielt, waren sie den Gesetzen gehorsam und freundlich gegen das verwandte Göttliche gesinnt; denn ihre Gedanken waren wahr und durchaus großherzig, indem sie bei allen sie betreffenden Begegnissen sowie gegeneinander Weisheit mit Milde gepaart bewiesen. So setzten sie auf jeden Besitz, den der Tugend ausgenommen, geringen Wert und ertrugen leicht, jedoch als eine Bürde die Fülle des Goldes und des anderen Besitztums. Üppigkeit berauschte sie nicht, noch entzog ihnen ihr Reichtum die Herrschaft über sich selbst oder verleitete sie zu Fehltritten; vielmehr erkannten sie nüchtern und scharfen Blicks, dass selbst diese Güter insgesamt nur durch gegenseitige mit Tugend verbundene Liebe gedeihen, dass aber durch das eifrige Streben nach ihnen und ihre Wertschätzung diese selbst sowie jene mit ihnen zugrunde gehe.

Bei solchen Grundsätzen also und solange noch die göttliche Natur vorhielt, befand sich bei ihnen alles früher Geschilderte im Wachstum; als aber der von dem Gotte herrührende Bestandteil ihres Wesens, häufig mit häufigen sterblichen Gebrechen versetzt, verkümmerte und das menschliche Gepräge die Oberhand gewann: da vermochten sie bereits nicht mehr ihr Glück zu ertragen, sondern entarteten und erschienen, indem sie des schönsten unter allem Wertvollen sich entäußerten, dem, der dies zu durchschauen vermochte, in schmachvoller Gestalt; dagegen hielten sie die des Lebens wahres Glück zu erkennen Unvermögenden gerade damals für hochherrlich und vielbeglückt, wo sie des Vollgenusses der Vorteile der Ungerechtigkeit und Machtvollkommenheit sich erfreuten.

Aber Zeus, der nach Gesetzen waltende Gott der Götter, erkannte, solches zu durchschauen vermögend, dass sein wackres Geschlecht beklagenswerten Sinnes sei, und versammelte, in der Absicht, sie dafür büßen zu lassen, damit sie, zur Besonnenheit gebracht, verständiger würden, die Götter insgesamt an dem unter ihnen vor allem in Ehren gehaltenen Wohnsitze, welcher im Mittelpunkt des gesamten Weltganzen sich erhebt und alles des Entstehens Teilhaftige zu überschauen vermag, und sprach zu ihnen: ..." (120e-121c)

Hier lässt Platon vielsagend den Dialog abbrechen. Den Sterblichen geziemte es nicht, über den Rat der Götter zu spekulieren. Das Ergebnis der 'himmlischen Beratung' hatte er ohnehin an anderer Stelle zum Ausdruck gebracht - der Untergang von Atlantis war nicht mehr zu verhindern.

Will man Platons Atlantis-Bericht im „Timaios" und im „Kritias/Atlanticus" zusammenfassen, so lässt sich in groben Umrissen das folgende Bild zeichnen:

> 1) Das ursprüngliche Atlantis war ein gewaltiges Reich, das sich vor mehr als zehntausend Jahren in jenem Seegebiet erstreckte, das heute mit dem Ausdruck „Atlantischer Ozean" bezeichnet wird.
>
> 2) Atlantis wurde von Königen regiert, deren erster, Atlas, noch von den Göttern eingesetzt wurde. Übersetzt in moderne Sprache könnte dies vielleicht heißen, dass die ursprünglichen Atlanter noch in einer unmittelbareren Beziehung zu einer geistigen Welt standen, als dies für die Menschheit nach dem Untergang der letzten Insel der Fall war.

3) Die Atlanter waren vorrangig eine Seefahrer-Nation, die ihre Schiffe sowohl westwärts als auch ostwärts aussandten und so mit den beiden Festlandsblöcken, dem heutigen Amerika und Europa, verbunden waren. So müssen die Aufzeichnungen über die Geschichte von Atlantis nach Ägypten gelangt sein, wo sie aufbewahrt und Solon von den weisen Priestern mitgeteilt wurden.

4) In späteren Zeiten, offensichtlich bereits im kulturellen Abstieg des Insel-Imperiums, führte Atlantis einen Angriffskrieg gegen seine östlichen Nachbarn, während dessen aber der Untergang des Inselreiches erfolgte.

5) Atlantis ging, in sehr kurzer Zeit, durch eine große Katastrophe im Meer unter, die ausgelöst wurde durch einen Planetoideneinschlag (Phaethon, der Sohn des Helios) und zu verheerenden Erdbeben und Überschwemmungen führte, die weit über Atlantis hinausreichten.

6) Auslöser für diese 'Strafe der Götter' war die geistige Entartung der Atlanter, die offensichtlich ihre 'göttliche Heimat' vergessen hatten und im materiellen Chaos zu versinken drohten.

7) An jener Stelle, wo Atlantis im Meer versank, wurde der Schiffsverkehr erheblich erschwert, da die betreffenden Meeresbereiche stark verschlammt wurden. Dies führte einige Forscher zu der Annahme, Atlantis im Bereich der Sargassosee oder im Bereich der Bahamas zu lokalisieren. Was Platon wohl nicht wusste, war, dass der Meeresspiegel vor etwa zehntausend Jahren um einhundert bis zweihundert Meter tiefer lag als heute (eustatische Senkung), was etliche seiner Angaben über Lage und Meereshöhe noch präziser macht

Platon, der Vater der abendländischen Metaphysik, galt als einer der größten Denker der Menschheitsgeschichte. Wie konnte es daher geschehen, dass seine Atlantis-Berichte nach dem Untergang der Antike, der mit Proklos anzusetzen wäre, schon bald in Vergessenheit geriet oder als Mythos abqualifiziert wurde?

Zwei Gründe scheinen dafür ausschlaggebend gewesen zu sein. Der erste liegt in unmittelbarer Nähe Platons, nämlich in der Person des Aristoteles. Er zählte zu den ersten Kritikern von Platons Atlantis-Überlieferung. Weit weniger auf die 'ideale Welt' ausgerichtet als Platon und offensichtlich ohne Zugang zu den Einweihungslehren, erschien ihm die im Timaios und Kritias tradierte Atlantis-Geschichte als reine Utopie. Diese Einschätzung war folgenreich, denn im aufstrebenden Christentum galt lange Aristoteles und nicht Platon als „der Philosoph". So konnte die abendländische Kultur nur in wenigen herausragenden Einzelpersönlichkeiten wieder Zugang zur Atlantis-Frage gewinnen.

Das Bekenntnis zu Platons Atlantis-Bericht erforderte zudem Mut, und dies ist der zweite Punkt für die geringe Bedeutung der Überlieferung, da die christliche Gesellschaft von einer biblischen Schöpfungslehre ausging. Wenn aber die Welt an einem Freitag, rund fünfeinhalb Jahrtausende vor Christus, erschaffen wurde, konnte es weitere fünftausend Jahre zuvor nicht schon eine Hochkultur gegeben haben. Erst als diese kirchliche Auffassung nicht mehr zu halten war, rückte Platons Bericht wieder verstärkt in den Blickwinkel der Forscher. Zudem begann vor allem in der esoterischen Philosophie, neu begründet durch Helena P. Blavatsky, eine intensive Beschäftigung mit den frühen Kulturen der Menschheitsevolution. Atlantis tauchte zwar noch nicht aus dem Meer auf, aber zumindest aus dem Schatten der Geschichte.

II. ATLANTIS IN DER ESOTERISCHEN PHILOSOPHIE

Im Übergang von der Antike über das Mittelalter zur Neuzeit gab es immer wieder Eingeweihte, die im Verborgenen eine esoterische Tradition am Leben erhielten. Bedingt durch die Unwissenheit ihrer Umwelt und vor allem gefährdet durch die kirchliche Inquisition, mussten sie ihr Wissen im innersten Kreis behalten. Erst im 19. Jahrhundert waren Aufklärung und Toleranz so weit in breiteren Gesellschaftsschichten verankert, dass keine Gefahr mehr bestand, bis dahin 'esoterisches' Wissen zu veröffentlichen. Dies war die Geburtsstunde der Theosophischen Gesellschaft, die 1875 von Helena P. Blavatsky und Henry S. Olcott in New York gegründet wurde. An ihrem Beginn stand das außergewöhnliche Erscheinen östlicher und westlicher Adepten, die allgemein als „Meister" oder „Mahatmas" bezeichnet wurden. Sie kommunizierten durch sich auf geheimnisvolle Weise materialisierende Briefe, deren Originale heute im Britischen Museum in London liegen, oder indem sie selbst sichtbare Form annahmen. Jene Briefe, unter dem Namen „Mahatma-Briefe" veröffentlicht, stellen eines der ältesten Zeugnisse der modernen esoterischen Bewegung zur Atlantis-Frage dar.

Im Brief Nr.90 äußert sich der Mahatma K.H. zu einer Besprechung des Donelly Buches über Atlantis, das am Ende des 19. Jahrhunderts die meistgelesene Publikation zu dieser Thematik war. Er stimmt Donelly vor allem dahingehend zu, zwischen den Kontinenten Lemuria und Atlantis zu unterscheiden. Ersterer ging der atlantischen Kultur voraus und versank noch weitaus früher in den Fluten der Weltmeere. Er fährt dann fort: „Warum nicht zugeben - keiner von ihnen hat allerdings noch je daran gedacht - , dass unsere *gegenwärtigen* Kontinente, ebenso wie Lemurien und Atlantis, *schon mehrere Male* versunken waren und Zeit hatten, wieder zu erscheinen und neue Arten der Menschheit und der Zivilisation zu tragen? Und dass bei der ersten großen geologischen Erhebung anlässlich des nächsten Kataklysmus, in der Reihe der periodischen Kataklysmen, die vom Beginn bis zum Ende jeder Runde stattfinden, unsere bereits *zersetzten* Kontinente versinken werden und die Lemurias und Atlantisse wieder aufsteigen werden?“[4] Hier wird bereits angedeutet, dass die esoterische Philosophie für die Gesamtentwicklung der Menschheit weitaus größere Zeiträume ansetzt als die orthodoxe Geschichtsschreibung. Die im theosophischen Sprachgebrauch „Runden“ genannten Zyklen beinhalten hunderttausende von Jahren; was auch dadurch bedingt ist, dass die esoterische Philosophie die Entwicklung des Menschen vom Geistigen über die Materie wieder zurück zum Geistigen gehen sieht und frühere Rassen oder Menschheiten zum Teil noch über feinstoffliche Körper verfügten.

Im Fortgang des Briefes Nr.90 wird dann seitens des Autors auch auf die platonische Überlieferung eingegangen, verbunden mit einem Blick auf erste naturwissenschaftliche Untersuchungen, die im Rahmen dieser Darlegungen noch später im Detail behandelt werden. „Das Versinken von Atlantis (der Gruppe von Kontinenten und Inseln) begann während der Miozänperiode - so wie heute von einigen *Ihrer* Kontinente beobachtet wird, dass sie allmählich sinken - und es gipfelte - *zuerst* in dem endgültigen Verschwinden des größten Kontinentes, einem Ereignis, das mit der Erhebung der Alpen zusammenfiel, und *dann* mit dem der letzten der schönen Inseln, das von Platon erwähnt wird. Die ägyptischen Priester von Sais erzählten seinem Vorfahren Solon, dass Atlantis (d.h. die einzige übrig gebliebene große Insel) 9000 Jahre vor ihrer Zeit zugrunde gegangen war. Dieses Datum ist keine Phantasie, denn sie hatten ihre Aufzeichnungen durch Jahrtausende sorgfältig aufbewahrt. Aber sie sprachen, wie ich sagte, nur von der „Poseidonis“ und wollten selbst dem großen griechischen Gesetzgeber ihre geheime Chronologie nicht preisgeben. Da keine geologischen Gründe bestehen, die Tradition anzuzweifeln, sondern im Gegenteil eine Menge von Beweisen, die dafür sprechen, sie anzunehmen, hat die Wissenschaft schließlich die Existenz dieses großen Kontinentes und Archipels anerkannt und so einmal mehr die Wahrheit einer „Sage" bestätigt. Sie lehrt nun, wie Sie wissen, dass Atlantis oder deren Reste noch bis in nachtertiäre Zeiten bestanden und dass ihr Versinken in den paläozoischen Zeiten der amerikanischen Geschichte erfolgte! Nun, die Wahrheit und die Tatsachen sollten selbst für so kleine Gunstbezeugungen dankbar sein, da vorher viele Jahrhunderte hindurch solche fehlten. Die Tiefeseeforschungen - insbesondere jene der *Challenger*, haben die Berichte der Geologie und Paläontologie voll bestätigt. Das große Ereignis ...geschah vor 11.446 Jahren."[5] In vielen Punkten bestätigen die Ausführungen des geheimnisvollen Briefeschreibers die Arbeit anderer Autoren, doch hinsichtlich der 'wissenschaftlichen Anerkennung' der Existenz von Atlantis war er von zu großem Optimismus erfüllt. Noch immer wartet die Atlantis-Frage auf eine positive Klärung und Bestätigung seitens breiterer wissenschaftlicher Kreise. Doch möglicherweise vollzieht sich eine Lösung der Atlantis-Frage auf einer anderen Ebene, die auch ohne naturwissenschaftlichen 'Segen' auszukommen vermag.

HELENA P. BLÀVATSKY

Die Russin Helena P. Blavatsky zählt zweifellos zu den außergewöhnlichsten Frauengestalten des gesamten 19. Jahrhunderts. Von Kindheit an begabt mit außergewöhnlichen spirituellen Fähigkeiten, führte sie ein unstetes

Wanderleben und bereiste die gesamte Welt, vor allem jene Gebiete, in denen alte religiöse Traditionen am Leben geblieben waren. Sie lernte bei indianischen Schamanen ebenso wie bei tibetischen Lamas und war stets in der Lage, die erworbenen psychischen Kräfte auch zu demonstrieren. Nach dem Zusammentreffen mit Henry S. Olcott, der ein äußerst fähiger Organisator war, mündete ihr Suchen in eine neue Bahn ein. Die Gründung der Theosophischen Gesellschaft bot ihr ein Forum, ihr immenses esoterisches Wissen mit anderen zu teilen und schließlich in Buchform der Nachwelt zu überliefern.

Vor allem ihre beiden Hauptwerke „Die entschleierte Isis" und „Die Geheimlehre" befassen sich an mehreren Stellen mit der Atlantis-Frage. Helena Blavatsky ging nicht nur davon aus, dass sich die atlantische Kulturepoche über sehr lange Zeiträume erstreckt hatte, sie war auch davon überzeugt, dass die Atlanter die Luftfahrt beherrschten und große Kenntnisse in Alchemie, Mineralogie, Physik und Astronomie besaßen. Manche Passagen des „Mahabharata" über „Luftfahrzeuge" (Vimanas) sah sie als spätatlantische Zeugnisse an."[6] Die Atlanter waren die ursprünglichen Schöpfer des Tierkreises und damit die wahren Begründer einer esoterischen Astrologie. Leider missbrauchten sie in der Spätzeit der atlantischen Kulturepoche ihre Kräfte und versanken in finsterste Zauberei. „Die Atlanter der späteren Periode waren berühmt wegen ihrer magischen Kräfte und ihrer Verruchtheit, wegen ihres Ehrgeizes und ihrer Herausforderung der Götter."[7]

Der Fortbestand großer Teile des magischen Wissens von Atlantis in Ägypten war für Helena Blavatsky der eigentliche, tiefere Anlass für die Geheimhaltungspflicht der Mysterieneinweihung. Würden diese Kenntnisse erneut in die Hände unreifer Seelen fallen, drohte der Menschheit ein weiterer katastrophaler Rückschlag in ihrer Entwicklung. „Dies war den Priestern von Ägypten und Platon selbst bekannt, und nur der feierliche Eid der Geheimhaltung, welcher sich sogar auf die Mysterien des Neuplatonismus erstreckte, verhinderte es, dass die ganze Wahrheit gesagt wurde. So geheim war die Kenntnis von der letzten Insel Atlantis fürwahr - wegen der übermenschlichen Kräfte, die ihre Einwohner besaßen, die letzten unmittelbaren Abkömmlinge der Götter oder Göttlichen Könige, wie man dachte - , dass die Veröffentlichung ihrer Wohnorte und ihres Daseins mit dem Tode bestraft wurde.“[8] Helena Blavatsky war daher überzeugt, dass die „großen Initiierten der Heiligen Insel die Flut dazu benutzten, um die Erde von allen Zauberern unter den Atlantern zu befreien“.[9]

Ähnlich äußerte sich auch der Theosoph W. Scott-Elliot in seinem Atlantis-Buch: „Dann brach die fürchterliche Vergeltung über Atlantis herein; Millionen und aber Millionen kamen um. Die „Stadt der goldenen Tore“ war zu einer wahren Lasterhöhle geworden, bis die Wellen sie überfluteten und ihre Bewohner begruben. Der „schwarze“ Kaiser samt seiner Dynastie sank, um nicht wieder zu erstehen. Der Kaiser im Norden sowohl als auch die initiierten, auf dem ganzen Kontinent verstreuten Priester sahen lange vorher die kommenden bösen Tage genau voraus, und die folgenden Seiten werden über die vielen von Priestern geleiteten Auswanderungen berichten, welche sowohl dieser als auch späteren Katastrophen vorausgingen."[10]

Bedeutsam in der theosophischen Literatur ist der geschilderte Sachverhalt, wonach zum einen nicht alle Atlanter in die Abgründe der schwarzen Magie versunken waren und zum anderen der Untergang von Atlantis nicht über Nacht gewissermaßen das *gesamte* atlantische Wissen vernichtete. In der Spätphase seiner Existenz sandte Atlantis Botschafter seiner Zivilisation in die damals existierende Welt und konnte so den Grundstein für spätere Hochkulturen legen. Ohne dieses Wissen hätte die Menschheit nach dem Untergang der letzten Insel von Atlantis wahrscheinlich weitaus längere Zeiträume der geistigen Dunkelheit überstehen müssen als jene kurze Epoche bis zum Aufblühen von Ägypten, Chaldäa und den frühen Indus-Kulturen.

Eine weise Führung scheint darauf zu achten, die Menschheit zu keiner Zeit ihrer Entwicklung ohne geistiges Wissen zu lassen. Die dafür reifen Seelen können zu jeder Zeit an das Tor des Tempels klopfen und um Einlass bitten. Von den Zeiten der alten Atlantis bis zur Gegenwart haben sich die Gesetze des geistigen Pfades nicht verändert - und wenn der Schüler reif ist, wird der Meister erscheinen.

Der Österreicher Rudolf Steiner, der anfänglich viele Jahre Generalsekretär der Theosophischen Gesellschaft in Deutschland gewesen war, löste sich im Jahre 1912 von dieser und begründete die Anthroposophische Gesellschaft. Die trennenden Aspekte zwischen den beiden der esoterischen Tradition verpflichteten Gemeinschaften lagen weniger auf inhaltlicher als auf persönlicher Ebene. Sieht man von der unterschiedlichen Gewichtung der Christus-Frage ab, lassen sich in weiten Feldern der esoterischen Philosophie große Übereinstimmungen feststellen. Auch hinsichtlich der Entwicklungsgeschichte menschlichen Lebens auf Erden weichen Theosophie und Anthroposophie nur in Details von einander ab.

Steiner widmete sich der Atlantis-Frage vor allem in zwei Werken, in der „Geheimwissenschaft im Umriß“ und in seinen Einsichten „Aus der Akasha-Chronik“. In ersterem, seinem mit der „Geheimlehre“ Blavatskys vergleichbaren Grundlagenwerk, geht auch er auf die Übergänge von der lemurischen auf die atlantische Kultur ein. „Nun war bei den niedriger stehenden Menschenarten der Lebensleib doch zu wenig geschützt, um den Einwirkungen des luziferischen Wesens genügend widerstehen zu können. Sie konnten die Willkür des in ihnen befindlichen Feuerfunkens des „Ich“ so weit ausdehnen, dass sie in ihrem Umkreise mächtige Feuerwirkungen schädlicher Art hervorriefen. Die Folge war eine gewaltige Erdkatastrophe."[11] Dieses Ereignis markierte den Untergang von Lemuria, einer der frühen Epochen der Menschheitsgeschichte. „Durch die Feuerstürme ging ein großer Teil der damals bewohnten Erde zugrunde und mit ihm die dem Irrtum verfallenen Menschen. Nur der kleinste Teil, der vom Irrtum zum Teil unberührt geblieben war, konnte sich auf ein Gebiet der Erde retten, das bis dahin geschützt war vor dem verderblichen menschlichen Einflusse. Als ein solcher Wohnplatz, der sich für die neue Menschheit besonders eignete, stellte sich ein Land heraus, das auf dem Flecken der Erde war, der gegenwärtig vom Atlantischen Ozean bedeckt wird. Dorthin zog sich der am reinsten vom Irrtum gebliebene Teil der Menschen. Nur versprengte Menschheitsglieder bewohnten andere Gegenden. Im Sinne der Geisteswissenschaft kann man das Erdengebiet zwischen dem gegenwärtigen Europa, Afrika und Amerika, das einstmals bestanden hat, „Atlantis" nennen. (In der entsprechenden Literatur wird in einer gewissen Art auf den charakterisierten dem atlantischen vorangegangenen Abschnitt der Menschheitsentwicklung hingewiesen. Er wird da das lemurische Zeitalter der Erde genannt, dem das atlantische folgte. Dagegen kann die Zeit, in welcher die Mondenkräfte ihre Hauptwirkungen noch nicht entfaltet hatten, das hyperboräische Zeitalter genannt werden. Diesem geht noch ein anderes voraus, das also mit der allerersten Zeit der physischen Erdenentwicklung zusammenfällt. In der biblischen Überlieferung wird die Zeit vor der Einwirkung der luziferischen Wesen als die paradiesische Zeit geschildert und das Herabsteigen auf die Erde, das Verstricktwerden der Menschen in die Sinnenwelt, als die Vertreibung aus dem Paradiese."[12]

Steiner schildert hier die vier der gegenwärtigen Menschheitsentwicklung vorausgegangenen Epochen, wie sie übereinstimmend von allen esoterischen Traditionen vertreten wird. Am Anfang der Erdenentwicklung stand die so genannte Polare Zeit. Dieser folgt dann Hyperboräa und daran anschließend Lemuria, ehe Atlantis den Übergang zur Gegenwart markierte. Die Zeiträume dieser vier Kulturepochen erstreckten sich über Jahrhunderttausende, womit die esoterische Philosophie eher im Einklang mit der Paläontologie steht als sämtliche orthodoxe religiöse Überlieferungen.

Für Rudolf Steiner war die atlantische Kultur eine Zäsur hinsichtlich der Entfaltung der menschlichen Erkenntnisfähigkeit. Die von ihm als „luziferisch" bezeichneten Kräfte dienten der Menschheit insofern, als sie die Fähigkeit zur Unterscheidung hervorriefen. Wer der 'luziferischen Verführung' widerstand, bildete so ein höheres Erkenntnisvermögen aus. Doch „es war nur einzelnen Menschen des atlantischen Zeitalters die Möglichkeit gegeben, sich so wenig als möglich in die Sinnenwelt zu verstrikken. Durch sie wurde der luziferische Einfluss aus einem Hindernis der Menschheitsentwicklung zum Mittel eines höheren Fortschreitens. Sie waren durch ihn in der Lage, früher, als es sonst möglich gewesen wäre, die Erkenntnis für die Erdendinge zu entfalten."[13]

Steiner widmete sich intensiv dem geistigen Studium des atlantischen Menschen und gelangte zu der Einsicht, dass dieser in vielerlei Hinsicht deutlich unterschieden von einem Menschen des 20. Jahrhunderts war. Seine äußere Form zeigte keine fest strukturierte Körperlichkeit wie sie heute vorliegt. Die Gestalt drückte in ihrer Weichheit und Formbarkeit vor allem die seelische Qualität eines menschlichen Wesens aus. Erst später verdichtete dieses sich und „die gegenwärtige physische Menschengestalt ist durch Zusammenziehen, Verdichtung und Verfestigung des atlantischen Menschen entstanden. Und während vor der atlantischen Zeit der Mensch als ein getreues Abbild seiner seelischen Wesenheit vorhanden war, trugen gerade die Vorgänge der atlantischen Entwickelung die Ursachen in sich, welche zu dem nachatlantischen Menschen führten, der in seiner physischen Gestalt fest und von den seelischen Eigenschaften verhältnismäßig wenig abhängig ist."[14]

Ähnlich wie die theosophischen Autoren, erschaute Steiner rückblickend die wachsende Dekadenz in der atlantischen Gesellschaft, wobei er den Beginn dieses so verhängnisvollen Prozesses bereits in der Mitte der atlantischen Epoche ansetzte. „Gegen die Mitte der atlantischen Entwickelungszeit machte sich allmählich ein Unheil in der Menschheit geltend. Die Geheimnisse der Eingeweihten hätten sorgfältig vor solchen Menschen behütet werden müssen, welche nicht durch Vorbereitung ihren Astralleib vom Irrtum gereinigt hatten. Erlangen diese eine Einsicht in die verborgenen Erkenntnisse, in die Gesetze, wodurch die höheren Wesen die Naturkräfte lenken, so stellen sie dieselben in den Dienst ihrer verirrten Bedürfnisse und Leidenschaften."[15] Überall dort, wo geistige Kräfte missbraucht werden (Die Sünde wider den Heiligen Geist!), wirkt sich das Gesetz des Karma ganz besonders drastisch und nachvollziehbar aus. Daher kann das katastrophale Ende von Atlantis nicht verwundern, zumal sogar die in die Mysterien Initiierten den Weg in die Dunkelheit beschritten. „Den Versuchungen von seiten niederer Geistwesen unterlagen nicht nur gewöhnliche Menschen, sondern auch ein Teil der Eingeweihten. Sie kamen dazu, die genannten übersinnlichen Kräfte in einen Dienst zu stellen, welcher der Entwickelung der Menschheit zuwiderlief. Und sie suchten sich zu diesem Dienst Genossen, welche nicht eingeweiht waren und welche ganz im niederen Sinne die Geheimnisse des übersinnlichen Naturwirkens anwandten. Die Folge war eine große Verderbnis der Menschheit."[16] Die wenigen Seelen, die noch dem Pfad des Lichtes folgten, erkannten die Gefahr und versuchten, ihr zu entkommen, indem sie die Insel verließen oder zumindest danach trachteten, das ehemalige Einweihungswissen an andere Nationen weiterzugeben. Dabei maß Steiner vor allem den Wanderungsbewegungen Richtung Osten vorrangige Bedeutung zu. Asien und vor allem Ägypten nahmen die Botschafter auf und das atlantische Wissen an; denn „nach Ägypten waren von Atlantis her Orakelstätten verpflanzt worden".[17]

Seinen Studien der Akasha-Chronik entnahm Rudolf Steiner viele Einzelheiten über die atlantischen Vorfahren der gegenwärtigen Menschheit. Dabei betont er immer wieder die Unterschiedlichkeit zwischen der atlantischen Entwicklungsepoche und der gegenwärtigen. Während die heutigen Menschen eher in Begriffen denken, dachten die Atlanter in Bildern. Diese Bilder wiederum lösten Assoziationen und damit Erinnerungen aus, aus denen der atlantische Mensch weitgehend sein Wissen schöpfte. „Unsere atlantischen Vorfahren waren mehr verschieden von den gegenwärtigen Menschen als sich derjenige vorstellt, der mit seinen Erkenntnissen sich ganz auf die Sinnenwelt beschränkt. Nicht nur auf das äußere Aussehen erstreckt sich diese Verschiedenheit, sondern auch auf die geistigen Fähigkeiten. Ihre Erkenntnisse und auch ihre technischen Künste, ihre ganze Kultur war anders, als das ist, was heute beobachtet werden kann. Gehen wir in die ersten Zeiten der atlantischen Menschheit zurück, so finden wir eine von der unsrigen ganz verschiedene Geistesfähigkeit. Der logische Verstand, die rechnerische Kombination, auf denen alles beruht, was heute hervorgebracht wird, fehlten den ersten Atlantern ganz. Dafür hatten sie ein hochentwickeltes *Gedächtnis.* Dieses Gedächtnis war eine ihrer hervorstechendsten Geistesfähigkeiten."[18] Diese vom heutigen Forscher abweichende Art und Weise der Erkenntnisgewinnung schränkte allerdings den Erfindungsgeist der Atlanter in keiner Weise ein. Steiner führt vielmehr im Detail aus, über welche bemerkenswerten handwerklichen und technischen Fähigkeiten die Atlanter verfügten. „Wie wir Vorrichtungen haben, um die in den Steinkohlen schlummernde Kraft in unseren Lokomotiven in Bewegungskraft umzubilden, so hatten die Atlanter Vorrichtungen, die sie - sozusagen - mit Pflanzensamen heizten, und in denen sich die Lebenskraft in technisch verwertbare Kraft umwandelte."[19]

In Bestätigung der Darlegungen von Helena Blavatsky, spricht dann auch Steiner davon, dass die Bewohner von Atlantis in einem gewissen Maße der Luftfahrt fähig waren. „So wurden die in geringer Höhe über dem Boden schwebenden Fahrzeuge der Atlanter fortbewegt. Diese Fahrzeuge fuhren in einer Höhe, die geringer war als die Höhe der Gebirge der atlantischen Zeit, und sie hatten Steuervorrichtungen, durch die sie sich über diese Gebirge erheben konnten."[20] Allerdings betont Steiner im Zusammenhang mit den technischen Fertigkeiten der Atlanter immer ihre Inkompatibilität zu gegenwärtigen Verhältnissen, da auch die äußere Umwelt eine völlig andere war als etwa im 20. Jahrhundert nach Christus. „Man muss sich vorstellen, dass mit der fortschreitenden Zeit sich alle Verhältnisse auf unserer Erde sehr verändert haben. Die genannten Fahrzeuge der Atlanter wären in unserer Zeit ganz unbrauchbar. Ihre Verwendbarkeit beruhte darauf, dass in dieser Zeit die Lufthülle, welche die Erde umschließt, *viel dichter* war als gegenwärtig. ... Und die besprochene Dichtigkeit der Luft steht für die okkulte Erfahrung so fest, wie nur irgendeine sinnlich gegebene Tatsache von heute feststehen kann. - Ebenso steht fest aber auch die vielleicht der heutigen Physik und Chemie noch unerklärlichere Tatsache, dass damals *Wasser* auf der ganzen Erde viel *dünner* war als heute. Und durch diese Dünnheit war das Wasser durch die von den Atlantern verwendete Samenkraft in technische Dienste zu lenken, wie das ehedem möglich war. Daraus geht wohl zur Genüge hervor, dass die Zivilisation der atlantischen Zeit von der unsrigen gründlich verschieden gewesen ist."[21]

Diese Beobachtungen Steiners sind nicht nur 'historisch' von Bedeutung, sie enthalten auch wichtige Hinweise für die esoterische Bewegung der Neuzeit. Alles, was von selbst-ernannten Sehern oder Medien aus atlantischer Zeit 'hervorgebracht' wird und nur eine Rück-Projektion der modernen Gesellschaft des Atomzeitalters oder eine aus der Phantasie gespeiste Science-Fiction-Welt darstellt, erweist von vornherein seinen illusionären Charakter. Die atlantische Kulturepoche war der *Vorläufer* der gegenwärtigen Entwicklungsstufe der Menschheit, sie war keinesfalls ein frühes *Abbild* der Jetztzeit.

Es kann auch keinesfalls erstrebenswert sein, beispielsweise durch Rückführungen, sich darum zu bemühen, sein Bewusstsein in die Zeit der späten Atlantis zurückzuversetzen, um etwa magische oder sonstige Erkenntnisse zu gewinnen. Der im 21. Jahrhundert lebende Europäer, Asiate oder Amerikaner hat die atlantischen Erfahrungen aufgehoben - und zwar ganz im hegelschen Sinne. Er hat sie in seiner Seele bewahrt, aber in seinem Geiste auf eine höhere Stufe gehoben.

Im Rahmen seiner Darlegung über atlantische Kultur schließt Rudolf Steiner eine kurze Nebenbemerkung über die Gesetze der Einweihung und die Stellung des Eingeweihten im Rahmen seiner gesellschaftlichen Umwelt ein, die so bemerkenswert ist, dass sie hier Erwähnung verdient, zumal sie Steiner sicher nicht ohne Grund in seine Ausführungen über Atlantis eingegliedert hat. „Das hier Gesagte gilt nicht von den Eingeweihten und ihren Schulen. Denn *sie* sind ja dem Entwickelungsgrade ihres Zeitalters voraus. Und für die Aufnahme in solche Schulen entscheidet nicht das Alter, sondern der Umstand, ob der Aufzunehmende in seinen früheren Verkörperungen sich die Fähigkeit erworben hat, höhere Weisheit aufzunehmen. Das Vertrauen, das den Eingeweihten und ihren Agenten während der atlantischen Zeit entgegengebracht worden ist, beruhte nicht auf der Fülle ihrer persönlichen Erfahrung, sondern auf dem *Alter* ihrer Weisheit. Beim Eingeweihten hört die Persönlichkeit auf, eine Bedeutung zu haben. Er steht ganz im Dienste der *ewigen* Weisheit. Daher gilt ja für ihn auch nicht die Charakteristik irgendeines Zeitabschnittes.“[22]

Als Atlantis in einer gewaltigen Katastrophe unterging, waren es nur einige wenige Wissende, welche die Weisheit von zahllosen Jahrtausenden weitertragen konnten.

Sie standen vielfach einer gänzlich ignoranten Umwelt und völlig ungeeigneten äußeren Umständen gegenüber, zwei Umstände, die es ihnen nahezu unmöglich machten, das atlantische Erbe künftigen Menschheiten weiterzugeben. In den nachfolgenden Abschnitten soll der Versuch unternommen werden, zu zeigen, auf welche Weise es ihnen doch gelungen sein muss, Relikte atlantischen Wissens in eine dunkle Zeit herüber zu retten. Elemente atlantischer Weisheit, die zu Bausteinen für die neuen Hochkulturen der nach-atlantischen Epoche werden sollten.

III. DIE FRÜHEN HOCHKULTUREN UND IHR BEZUG ZU ATLANTIS

Eines der besten Bücher, die je über Atlantis veröffentlicht wurden, verfasste der Amerikaner Robert B. Stacy-Judd bereits im Jahre 1939. Er konzentrierte seine Forschungen vor allem auf die in Yukatan aufgefundenen Zeugnisse einer beeindruckenden Hochkultur, die weit über die für die Maya-Kultur angenommenen Zeiträume hinausreicht. In seinem monumentalen Werk veröffentlichte er vier übersichtliche Skizzen, die sowohl die geologischen als auch die geschichtlichen Veränderungen der Erde seit den Zeiten der frühen Atlantis durchlaufen hat.

Die Abbildungen zeigen auch, in welche Richtungen und Gebiete sich die Flucht- und Kolonisationsbewegungen von Atlantis, in der Zeit kurz vor seinem Untergang, erstreckt haben. Es genügt hier, die Grundlinien aufzuzeigen und Einzelheiten des Gesamtgeschehens unberücksichtigt zu lassen.

Die skizzierten Linien deuten den wahrscheinlichen Verlauf jener frühen Landmassen an, die von der Forschung als Lemuria beziehungsweise Gondwanaland bezeichnet wurden. Dabei muss berücksichtigt werden, dass es sich um hunderttausende von Jahren der Erd- und Menschheitsgeschichte handelt. Festzuhalten bleibt die bemerkenswerte Größe der Insel Atlantis, die in diesen Umrissen nicht mehr weit von Platons Formulierung „größer als Libyen und Asien" entfernt ist.

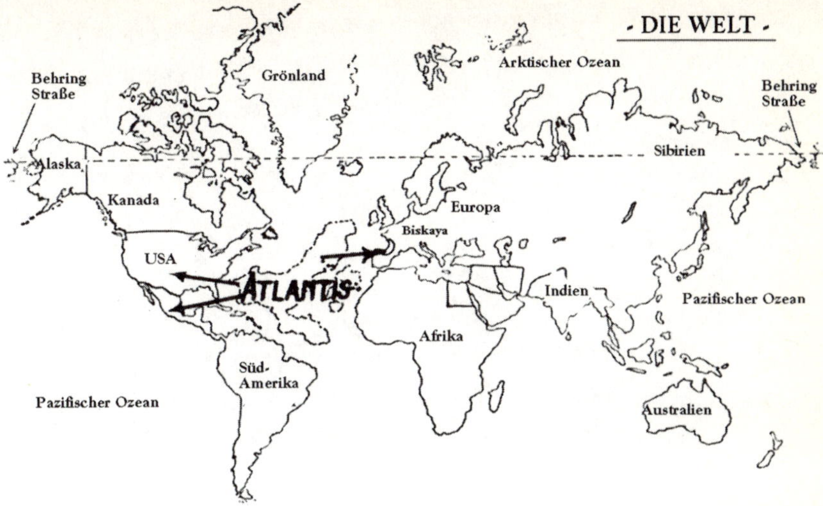

Mit dieser Karte nähern wir uns dem Atlantis seiner Spätzeit. Sie zeichnet die Welt, wie sie etwa 14000 Jahre von dem Untergang der letzten Insel ausgesehen haben könnte. In dieser Phase setzten die ersten Besiedlungen des nordamerikanischen Kontinents und der mexikanischen Landbrücke ein. Gleichzeitig begann eine Wanderungsbewegung in Richtung Europa, vor allem in den Bereich der Biskaya. Stacey-Judd verbindet diesen gesamten Prozess mit der Kultur des Cro-Magnon-Menschen.[23]

Zu diesem Zeitpunkt, etwa 23000 v.Chr., begann ein Teil von Atlantis bereits langsam im Atlantik zu versinken. Es ergab sich also auch geo-politisch eine Notwendigkeit, neue Lebensräume im Westen und Osten zu suchen.

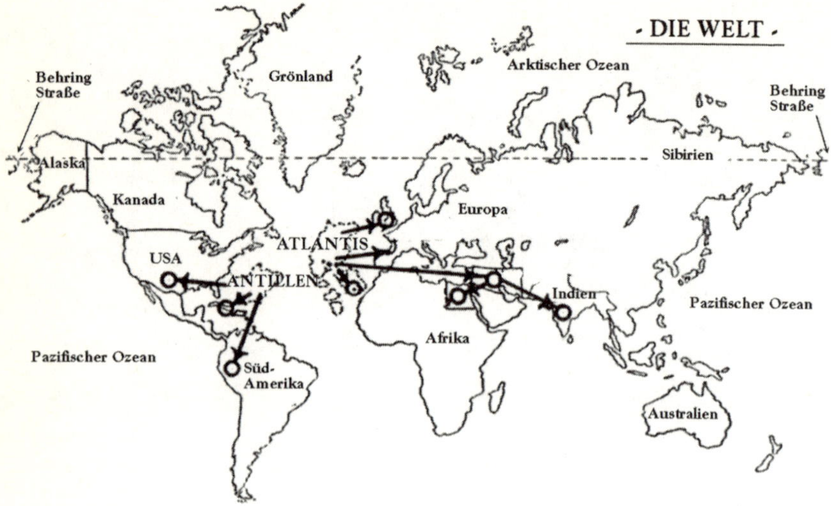

Etwa viertausend Jahre vor dem endgültigen Untergang von Atlantis setzte eine weitere große Siedlungsbewegung ein, die weiter reichte als die erste. Diesmal führte der Weg der Atlanter nicht nur auf die Antillen und nach Nordamerika, sondern weiter hinunter an die Westküste Südamerikas, an die Westküste Nordafrikas, ins Nildelta und weiter nach Osten an den Euphrat und bis nach Indien. Auch Westeuropa war wieder Anlaufstelle der Atlanter, und es bleibt abzuwarten, welche neuen Erkenntnisse die archäologische Forschung in den kommenden Jahrzehnten ans Tageslicht fördern wird, wenn endlich der Zeitrahmen über die bisherige frühe ägyptische Kultur hinaus ausgedehnt wird.

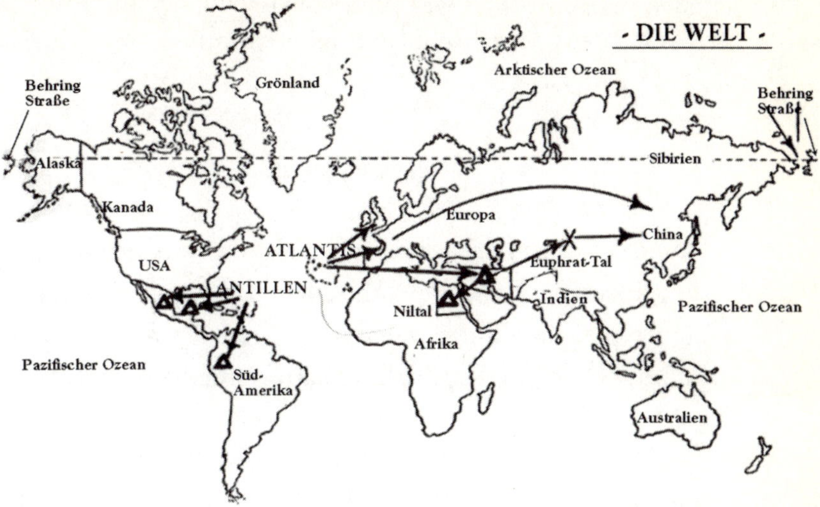

Jene Atlanter, die in den letzten Jahren und Monaten vor dem Untergang der Insel noch dem Lichtpfad folgten, konnten die verhängnisvolle Entwicklung der spätatlantischen Kultur zweifellos vorhersehen. Sie dürften daher verstärkt Bemühungen unternommen haben, um die bewahrenswerten Errungenschaften der atlantischen Kultur zu anderen Völkern zu bringen. Sie folgten daher erneut jenen Wegen, die Jahrtausende vor ihnen schon andere Atlanter beschritten hatten. Wieder waren Mexiko und die Westküste Südamerikas die Ziele sowie Spanien und England, Ägypten und China. Dies könnte auch die Antwort auf die Frage liefern, wieso es möglich war, dass zu einem bestimmten Zeitpunkt in der Geschichte gleichzeitig in Ägypten, Sumer und Indien neue Hochkulturen geradezu aus dem Nichts aufblühen konnten.

ÄGYPTEN

Untersuchungen der letzten zwei Jahrzehnte haben in immer größerem Maße die Wahrscheinlichkeit genährt, dass die ägyptische Kultur weitaus älter ist, als bisher angenommen. Schon Scott-Elliot hatte in seinem Atlantis-Buch die Hypothese vertreten: „Es wäre ganz natürlich, die Ägypter als eine frühe Kolonie von Atlantis zu betrachten (was sie in Wirklichkeit auch waren)."[24] Zwei Außenseiter der Ägyptologie, der Hermetiker Schwaller de Lubicz und in seinen Spuren der Journalist John Anthony West, waren es vor allem, die mit provokanten Thesen die orthodoxe Ägypten-Forschung herausforderten. Sie erbrachten überzeugende Beweise, dass zumindest die Sphinx in weitaus früheren Zeiten erbaut wurde, als bisher angenommen. „Nach zahlreichen Indizien, die Schwaller de Lubicz aus ägyptischen Pyramiden und Tempeln zusammengetragen hatte, gründete sich die Astronomie des Landes am Nil auf Kenntnisse, die auf eine nochmals mehrere tausend Jahre ältere Zivilisation zurückgingen. Besonders interessierte sich West für de Lubiczs Annahme, die Überlebenden dieser Kultur - die man ebensogut Atlantis nennen kann - hätten die Große Sphinx gebaut, und zwar mehrere tausend Jahre früher, als man bis dahin angenommen hatte. Und die Verwitterung der Sphinx wäre demnach nicht durch den vom Wind herangetriebenen Sand hervorgerufen worden, sondern von Wasser, das an ihr herunterlief, lange bevor Ägypten zur Wüste wurde. Das, so West, musste sich recht einfach beweisen oder widerlegen lassen. Nachdem er die Theorie in seinem 1979 erschienenen Buch *Serpent in the Sky* dargelegt hatte, konnte er schließlich Robert Schoch, einen Geologen der Universität Boston, zu einer gemeinsamen Reise nach Ägypten bewegen, auf der sie sich die Indizien ansehen wollten. Schoch überzeugte sich durch seine eigenen Untersuchungen, dass die Sphinx durch Wasser erodiert war, und 1991 sorgte er auf einer geologischen Tagung in San Diego für eine Sensation mit der Schlussfolgerung, die Sphinx könne schon 7000 v.Chr. entstanden sein und sei demnach nicht, wie die meisten Ägyptologen annahmen, zur gleichen Zeit errichtet worden wie die Große Pyramide (ca. 2500 v.Chr.).“[25]

Diese Annahme würde die Texte der so genannten „Inventarstele“ bestätigen, die der französische Ägyptologe Auguste Mariette schon im Jahre 1858 entdeckt hatte. „Der Text dieser Stele besagt, dass der Pharao Cheops das Haus der Isis, der Herrin der Pyramide, neben dem Haus des Sphinx wieder aufbaute. Dieses bedeutet, der Sphinx und die Große Pyramide existierten offensichtlich bereits zu Cheops Zeiten.“[26] Die Entzifferung der Stele belegte also zweifelsfrei, dass der Pharao Cheops nicht der Erbauer der Großen Pyramide, sondern nur ihr Restaurator war.

Ein Sachverhalt, dem bisher noch kaum Beachtung geschenkt wird.

Ein weiteres bemerkenswertes Indiz für die Verbindung zwischen Atlantis und Ägypten fand sich im Nachlass des großen Homer-Forschers Heinrich Schliemann. Es handelt sich um ein Dokument, welches offensichtlich aus der II. Dynastie Ägyptens stammt und damit ein Alter von etwa fünftausend Jahren aufweist. Schliemann hatte einen uralten Papyrus gefunden, dem er besondere Bedeutung beimaß. Er versiegelte unmittelbar vor seinem Tod noch eigenhändig einen Brief, kennzeichnete ihn mit dem Vermerk „Atlantis" und legte darin seine Erkenntnisse über diesen geheimnisvollen Papyrus nieder. Sechzehn Jahre lang ruhte dieser Brief im Depot einer Pariser Bank, ehe er von einem Enkel Schliemanns, Paul Schliemann, geöffnet wurde.

Paul Schliemann war selbst Wissenschaftler und an den Forschungen seines Großvaters sehr interessiert. Er bereiste Ägypten und den Norden Afrikas, um weitere Spuren im Zusammenhang mit dem Atlantis-Rätsel zu lösen. Unglücklicherweise gelang es ihm nicht mehr, seine Forschungsergebnisse zu veröffentlichen. Auf einer seiner Expeditionen verunglückte er offenbar und gilt seitdem als in Russland verschollen.

Hätte der Atlantis-Forscher Charles Berlitz die ganze Angelegenheit Jahrzehnte später nicht noch einmal aufgegriffen, wäre der Inhalt dieses bedeutenden Papyrus möglicherweise im Dunkel der Geschichte verschollen. Sein bemerkenswerter Text lautet:

> „Der Pharao hat eine Expedition nach Westen gesandt, um nach den Spuren von Atlantis zu suchen, dem Land, aus dem vor dreitausenddreihundertfünfzig Jahren die Ahnen der Ägypter kamen, die das ganze Wissen ihres Vaterlandes mit sich brachten."[27]

Martin Freksa, der die Forschungen von Berlitz aufgriff, versuchte den Spuren dieser frühen ägyptischen Atlantis-Expedition zu folgen und sah in ihren Ergebnissen eine verblüffende Parallele zum Bericht des Solon, wie er von Platon im „Timaios" wiedergegeben wird. „Der zitierte ägyptische Papyrus sieht nach einem Hof-Dokument aus, in welchem ein Pharao der II. Dynastie eine wichtige Unternehmung seiner Regierungszeit festhalten ließ. Wenn man von der Zeit der II. Dynastie die im Papyrus angegebene Zeit von 3350 Jahren zurückrechnet, so gelangt man in das späte siebte Jahrtausend v.Chr. Demnach sind in dieser Zeit Atlanter nach Ägypten gekommen. Wie Solon im Neith-Tempel von Sais erfuhr, hatte zur gleichen Zeit eine staatliche Organisation in Ägypten existiert. Das Papyrus-Zitat bezeichnet die zu den Ägyptern gekommenen Atlanter als deren „Ahnen". Insofern müssen sich Atlanter in Ägypten niedergelassen haben und sich auch mit Ägyptern vermischt haben. Und weiter gibt das Zitat den wichtigen Hinweis, dass die nach Ägypten gekommenen Atlanter „das ganze Wissen ihres Vaterlandes mit sich brachten". Dies deutet darauf hin, dass jene Atlanter große Errungenschaften mitbrachten."[28] Freksas Deutungen kann uneingeschränkt zugestimmt werden, nur sollte man nicht den Fehler begehen, die Datierung von 7000 v.Chr. auch gleichzeitig als das Datum des Unterganges der letzten Insel von Atlantis anzunehmen. Zu diesem Zeitpunkt kamen „Ahnen Ägyptens" ins Land; aber sie müssen nicht notwendigerweise von der kurz zuvor gesunkenen Insel gekommen sein. Atlantis war aller Wahrscheinlichkeit nach die Mutter der ägyptischen Kultur, doch möglicherweise lagen längere Zeiträume zwischen dem Aufblühen der frühesten ägyptischen Dynastie und dem Untergang von Poseidonis.

Im September des Jahres 1976 wurde die Mumie eines der größten ägyptischen Pharaonen aller Zeiten, der Leichnam von Ramses II., von Kairo nach Paris gebracht. Dort sollte man herausfinden, welche Ursache für den Verfall der berühmten Mumie verantwortlich war. Die Untersuchung brachte eine höchst ungewöhnliche Neben-Erkenntnis zu Tage. Man fand im Inneren des Leichnams Spuren von Tabak! Dies bedeutete deshalb eine Sensation, weil Tabak in der antiken Welt unbekannt war. Tabak wurde nur in Amerika angebaut - eine unfassbare Gedankenkette für die orthodoxe Ägyptologie.

In noch größere Erklärungsnot geriet die Ägyptologie,

als die russische Toxikologin Svetlana Balabanova im Leichnam der Sängerin Henuttawy, die als Priesterin und Sängerin im Amun-Tempel bei Theben gewirkt hatte, zweifelsfrei Spuren von Kokain nachweisen konnte. Kokain war überhaupt erst 1859 erstmals hergestellt worden - und der Koka-Strauch kam nur in Südamerika vor!

Die beiden von einander völlig unabhängigen Funde ließen nur einen Schluss zu - es musste eine Handelsroute zwischen Amerika und Ägypten gegeben haben. Seit welchen Zeiten diese Verbindung bestanden hat, müssen weitere Forschungen erweisen, aber es scheint kein Zweifel mehr daran zu bestehen, dass zwischen der westlichen und der östlichen Welt jenseits von Atlantis Kontakte bestanden haben, die vernünftigerweise nur dadurch erklärbar werden, dass man die Existenz der Insel in Rechnung stellt.

MEXIKO

Ein Blick auf die Karte der archäologischen Fundorte der Halbinsel Yukatan genügt, um festzustellen, in welchem Ausmaß dieser Teil Mexikos Heimstatt für Kultplätze und Tempel gewesen ist. Dabei handelt es sich keineswegs nur um Maya-Stätten, sondern zahlreiche, teilweise sehr alte Kulturen lassen sich auf dieser weit in den Golf von Mexiko ragenden Halbinsel ausfindig machen. Es erscheint schon geographisch naheliegend, dass Schiffe, die aus Atlantis kamen und südwestwärts segelten, an diesem Ort anlegten.

Dieses Maya-Basrelief aus Yukatan, das Stacy-Judd in seinem Werk veröffentlichte, enthält eine Fülle von Indizien, die auf den Untergang von Atlantis hindeuten. Eine Tempelpyramide fällt in sich zusammen, eine Vulkan bricht aus und die Insel beginnt im Meer zu versinken. Viele Menschen gingen, wie von dem Ertrinkenden symbolisiert, bei der Katastrophe unter, während es einigen offensichtlich gelang, in Booten über das Meer zu fliehen.

Es würde den Rahmen dieser Abhandlung überschreiten, an dieser Stelle eine ausführliche Analyse der Maya-

Kultur und ihrer Vorgänger anzuführen, zumal dies von Stacy-Judd und in jüngster Zeit von Andrew Collins[29] brillant durchgeführt wurde. Einige bemerkenswerte Einzelheiten sollten aber nicht unerwähnt bleiben, so etwa der Umstand, dass Quetzalcoatl, der mexikanische Gottesbote, aus dem „fernen Osten" gekommen sein soll. Ihm wird die Erfindung der Buchstaben und die Entwicklung des Kalenders zugeschrieben. Nachdem er die Menschen unterrichtet hatte, verließ er Mexiko wieder Richtung Osten.

Die Kalender-Frage stellt ein besonders faszinierendes Detail im Atlantis-Puzzle dar. Niemand konnte bisher erklären, wie es den Mayas gelingen konnte, einen Kalender und eine Chronologie von solcher beeindruckender Präzision zu entwerfen, wie sie nachweislich besaßen. Brachte Quetzalcoatl dieses Wissen aus Atlantis mit? Schon Otto Muck neigte dieser Auffassung zu. „Wie sollte man es anders erklären, dass ein Volk, das bestimmt nicht die Mittel zur exakten Messung kleinster Zeiten und kleinster Winkel besaß, über einen so genauen Kalender verfügt? Da nur diese Mittel ein derart genaues astronomisches Wissen binnen relativ kurzer Zeiten - und zwar binnen weniger Jahrhunderte - geben können, folgt daraus schlüssig, dass nur höchstes Alter die Güte des Maya-Kalenders erklären kann."[30]

Viele Verbindungslinien von Atlantis nach Europa, Afrika und Amerika werden vielleicht erst in späteren Jahrhunderten entdeckt werden. Die überaus wahrscheinlichen Einflüsse auf die ersten Hochkulturen in Ägypten und Mexiko wurden dargelegt; weitere werden sich auffinden lassen. Viele Zeugnisse wurden wahrscheinlich auch im Laufe der Zeiten aus Unwissenheit und Ignoranz vernichtet.

Noch Homer befasste sich am Beginn der Antike ausführlich und sehr intensiv mit den Geheimnissen des Atlantischen Ozeans und siedelte dort als poetischen Topos den „Hades", die Unterwelt der griechischen Mythologie, an. Für die alten Griechen besaß jene atlantische Meerestiefe noch den Schrecken einer Welt, die wahrscheinlich in ihren uralten Überlieferungen noch Kenntnis von den Geschehnissen vor achttausend Jahren hatte. Erst durch das Römische Weltreich und das Mittelalter geriet das Wissen um Atlantis und seinen katastrophalen Untergang völlig in Vergessenheit. Eine tragische Anekdote, die Martin Freksa in seinem Atlantis-Buch aufgreift, illustriert die ungeheure Dummheit späterer Generationen, die planlos die Weisheitsschätze der Alten der Vernichtung anheimgaben. „Schon wenige Jahre nach Mohammeds Tod (631) stand das von Omar gegründete Arabische Reich ausgedehnt von Mesopotamien bis Ägypten. Aber die neuen Herren waren suspekt gegen alles, was nach fremdem Einfluss aussah. Sie ließen die gewaltigen Bibliotheksbestände von Alexandria vollständig verbren-

nen. Omar soll dies mit den Worten angekündigt haben: „Stimmen jene griechischen Schriften mit dem Wort Gottes (dem Koran - M.F.) überein, so sind sie nutzlos und bedürfen der Erhaltung nicht. Weichen sie davon ab, so sind sie gefährlich und müssen vernichtet werden.““[31]
Es bleibt nur die Hoffnung, barbarische Ignoranz möge nicht das letzte Wort über die Frühgeschichte der Menschheit haben. Neueste Funde und Erkenntnisse geben dieser Hoffnung jedoch beträchtliche Nahrung.

IV. DIE GROSSE FLUT

Legenden, Mythen und Erzählungen hinsichtlich einer „Sintflut" finden sich überall in den frühen Zeugnissen menschlicher Kultur. Die bekannteste dürfte sicher jene aus dem sechsten Kapitel des ersten Buches von Moses im Alten Testament sein. Sie war aber bei weitem nicht die einzige. In Persien und Indien lassen sich Erzählungen von einer gewaltigen Flut ebenso ausmachen wie in Westeuropa bei den frühen Kelten. Die Chinesen kannten Flutsagen und natürlich, wen würde es wundern, die Mayas in ihrem heiligen Buch „Popul Vuh".

Die mesopotamische Sintflut-Erzählung gehört mit zu den besonders eindrücklich geschilderten, wie sich dem berühmten Gilgamesch-Epos entnehmen lässt:

„Es kam die Zeit, da ließen die Herrscher der Finsternis einen furchtbaren Regen niedergehen. Ich sah mir das Wetter an; das Wetter war fürchterlich anzusehen...
Als der Morgen erschien, stieg rabenschwarzes Gewölk auf. Alle bösen Geister wüteten, alle Helligkeit war verwandelt in Finsternis.

Es brauste der Südsturm, die Wasser brausten dahin, die Wasser erreichten schon das Gebirge, die Wasser fielen über alle Leute...

Sechs Tage und sechs Nächte lang rauschte der Regen wie Sturzbäche. Am siebenten Tag ließ die Sturmflut nach. Es war eine Stille wie nach einer Schlacht. Das Meer wurde ruhig, und der Sturm des Unheils war still. Ich blickte aus nach dem Wetter, da war es gar stille geworden. Alle Menschen waren zu Schlamm geworden. Ein ödes Einerlei war der Boden der Erde..."[32]

Wie viele alte Zeugnisse, war auch das Gilgamesch-Epos als eine Art frühgeschichtlicher Mythos betrachtet worden. Dies änderte sich dramatisch, als Leonard Woolley bei Ausgrabungen in Warka-Ur auf Spuren stieß, die unumstößlich die Gilgamesch-Berichte bestätigten. Weit unterhalb der frühen sumerischen Königsgräber stieß er, in etwa zwölf Metern Tiefe, auf eine zweieinhalb Meter dikke Schwemmlehmschicht, die völlig leer war. Woolley setzte sie zeitlich im vierten vorchristlichen Jahrtausend an, eine Datierung, die Otto Muck mit guten Gründen bezweifelte. „Auch Woolley konnte nicht daran zweifeln, dass es sich hier um den Beweis für eine tatsächliche gewaltige Überschwemmung handelte - er vielleicht am wenigsten, da er die Listen der sumerischen Königsdynastien vor sich hatte, die bis zur Sintflut reichten. Woolley hat diese fundleere Schicht ins vierte vorchristliche Jahrtausend datiert - aber mit welchem Recht? Selbst der findigste Archäologe könnte von einer fundleeren Schicht, die unter fundreichen Schichten liegt, nur aussagen, sie sei älter als diese - aber nicht wie alt."[33]

Ähnlich wie in Mesopotamien, hinterließ auch in Ägypten die Flutwelle eine Schlammschicht, die im Zusammenhang mit den jüngsten Untersuchungen an der Sphinx bereits angesprochen wurde. Aschenbrenner weist darauf hin, dass den Funden innerhalb der Schlammschicht noch nicht genügend Beachtung geschenkt wurde. „Besonders auffällig sind die Auswirkungen jener Flutwelle im ägyptischen Gizeh. Dort trafen die Wassermassen auf das sechsundvierzig Meter über dem Nil gelegene Plateau. Der Sphinx und die vorgelagerten, aus gewaltigen Felsblöcken errichteten Tempelanlagen vermochten den Wasserfluten zu widerstehen. Möglicherweise sind jedoch die Beschädigungen des Sphinx-Tempels, von dem heute nur Reste vorhanden sind, auf den Anprall der Flutwelle zurückzuführen. Die Behinderung des hereinflutenden Meerwassers durch das Gizeh-Plateau führte aber dazu, dass an ihrem Fuße eine vier Meter dicke Schlammschicht zurückblieb. Diese enthält zahlreiche Meeresmuscheln und Knochenreste einer Seekuh. Beweise, dass es sich um eine Überflutung mit Meerwasser und nicht um die Folgen stärkerer Niederschläge handelt."[34]

Beim Studium der zahlreichen Quellen und Forschungsarbeiten drängt sich immer wieder die Annahme auf, die verschiedenen Berichte könnten möglicherweise von zwei verschiedenen 'Sintfluten' handeln - einer atlantischen und einer späteren. Auch Otto Muck muss dieser Ansicht zugeneigt haben, ohne jedoch im Detail differenziert zu haben, was ihm von späteren Autoren, wie etwa Freksa, vorgeworfen wird. Muck ging davon aus, dass „die Mayavölker, die überwiegend noch im Bereich vorherrschender Westwinde wohnten, nichts von der Sintflut abbekommen hatten - ihr Gebiet war durch die Vulkankatastrophe, durch Erdbeben und Feuer und durch die beim Einsturz des „Planetoiden“ entstandene Flutwelle verwüstet worden.“[35] Freksa bejahte zwar beide Fluten, jene von ca. 8500 v. Chr. und jene von ca. 3500 v.Chr., hielt aber die zweite für den eigentlichen Untergang von Atlantis. Es erscheint fraglich, ob die Fülle von archäologischen Funden, die Hochkulturen bereits lange vor der zweiten Flut nahelegen, die zweite Hypothese als haltbar erweisen wird. Unabhängig davon, erscheint Freksas Zusammenfassung der Erzählungen von der „Großen Flut“ grundsätzlich überzeugend und gut belegt. „Überlieferungen von der Großen Flut gibt es auf der ganzen Erde. Alle diese Überlieferungen sprechen von einer Flut, deren Ausmaß an der Höhe von Bergen zu bemessen ist. Weiter sprechen sie von einer Vernichtung der Menschheit und von Überlebenden auf hohen Bergen. Insoweit haben wir es, so meine Auffassung, mit einem historischen Faktum zu tun, welches verschiedene Erdteile betraf. Der Entwicklung der frühen Zivilisationen und ihrer Ausbreitung entsprechend, kommen vor allem folgende Gegenden in Betracht, in denen winzige Bruchteile der Menschheit überlebten: Das Hochland über Mesopotamien, das Hochland über Ägypten; das persische, das indische, das chinesische Hochland; das Hochland in Zentralamerika; das nordische (skandinavische) Hochland, die Pyrenäen, die Alpen, der Parnaß über Delphi (Griechenland) - ein Katalog, der noch ergänzt werden wird.“[36]

Vielleicht waren es gerade die Weisen und Eingeweihten, die sich vor der großen Flut auf die Bergeshöhen zurückgezogen hatten, um nach einer gewaltigen Läuterung der Menschheit wieder neu zu beginnen, einen „neuen Bund mit Gott zu schließen“?

Die Faktizität der Großen Flut steht nicht mehr in Frage, zu klären bleibt jedoch noch der Zeitpunkt. Lag der Untergang von Atlantis näher an den frühen Hochkulturen der Menschheit oder hatten doch die Gewährsmänner von Solon Recht, wenn sie den letzten Untergang von Atlantis im neunten Jahrtausend v. Chr. ansetzten? Vielleicht können naturwissenschaftliche Erkenntnisse eine Klärung der Frage bringen.

V. DER ATLANTIK UND SEINE GEHEIMNISSE

Im September 1968 entdeckte der amerikanische Meeresforscher Manson Valentine vor der Nordinsel von Bimini auf den Bahamas die so genannte „Bimini-Straße". Genauere Untersuchungen in den folgenden Jahren ergaben zweifelsfrei, dass es sich nicht um natürliche Gesteinsformationen, sondern um von Menschenhand erbaute Pflastersteinkonstruktionen handelte. Es waren massive Steinblöcke, die übereinander geschichtet waren und entweder Straßen oder Befestigungsmauern darstellten. Es waren Steinkonstruktionen, die Charles Berlitz an Bauten der Vor-Inkazeit in Peru, an Stonehenge oder die zyklopischen Mauern des minoischen Griechenlandes erinnerten.

Insgesamt war die „Bimini-Straße" über sechshundert Meter lang, und obwohl sich das Alter der Steine nur schwer bestimmen ließ, ergaben Carbon-14-Messungen, dass die sie überwuchernden fossilierten Mangrovewurzeln ein Alter von etwas 12000 Jahren aufwiesen.

Seit 1980 fanden Taucher nicht nur bei den Bahamas unterirdische Steinkonstruktionen, die kaum auf natürliche Ursprünge zurückzuführen waren, sondern entdeckten auch vor der Küste Marokkos, vor Spanien und vor den Kanarischen Inseln Steinplatten und an Straßen erinnernde Formationen. Es wäre überaus begrüßenswert, wenn für eine weitere Erforschung dieser Fundstellen wenigstens ein Bruchteil der Mittel zur Verfügung gestellt würden, die gleichzeitig für militärische Forschungen ausgegeben werden.

Auch nördlich der Azoren wurden aus einer Tiefe von über 3000 Metern Lavabrocken geborgen, die zweifelsfrei unter atmosphärischen Bedingungen erstarrt waren, also oberhalb der Meeresoberfläche. Auch die in der Nähe der St. Peter u. Paul-Inseln gefundenen Mikroorganismen konnten nur in flachen Gewässern überleben - und nicht in einer Tiefe von 2000 Metern, in der sie geruht hatten.

Ähnlich verhält es sich mit Korallen, die nicht in großen Tiefen gedeihen können, da sie Flachwasserlebewesen sind, aber auch auf jenen Erhebungen im Atlantik gefunden wurden, die man den „Atlantischen Rücken" nennt. Daher stellt Klaus Aschenbrenner mit Recht die Frage: „Wie kommen die Korallenstöcke in jene große Tiefe? Ein Absinken des Meeresbodens um rund zwei Kilometer wäre die sinnvollste Erklärung. Sollte es ein Zufall sein, dass sich genau in dieser Tiefe das Azorenplateau befindet? Manches weist darauf hin, dass sich diese unterseeische Hochfläche noch vor 12000 Jahren als Großinsel mit 80000 Quadratkilometer Bodenfläche über dem Wasserspiegel befand. Beispielsweise die Tatsache, dass auf dem

Plateau nicht Meeressedimente, sondern große Mengen von Strandsand lagern."[37]

Alle diese Indizien sprechen dafür, dass jenes unter dem Atlantik liegende Hochland, das Otto Muck bei etwa 30 Grad West, 40 Grad Nord lokalisierte, ein Teil der untergegangenen Insel Atlantis ist. Muck fügt dieser Vermutung dann eine bedeutsame Ergänzung hinzu: „Dieses Land unter dem Meer, der so genannte Azorensockel, ist für die Untersuchung von entscheidender Bedeutung, weil es genau unterhalb des Golfstromes liegt. Nur wenig behindert durch die winzigen Eilande in der Wasserwüste, wälzt er heute seine Wogen nach Osten."[38]

Muck hat sich wie kein anderer Forscher vor ihm und nach ihm mit dem Verlauf des Golfstromes auseinandergesetzt, der ihm die stärksten naturwissenschaftlich erhärteten Beweise für seine Atlantis-Hypothese liefert.

Wenn man erdgeschichtlich in eine Zeit zurückgeht, in der Platon den Untergang der letzten Atlantis-Insel ansetzt, so wird man feststellen, dass in Nordwesteuropa und Nordostamerika klimatisch völlig andere Bedingungen herrschten, als es heute der Fall ist. Weite Teile dieser Gebiete lagen unter einer dichten Eisschicht. Dies wäre sicherlich nicht der Fall gewesen, wenn der Golfstrom an diesen Gebieten in der gleichen Art und Weise angelandet wäre, wie es heute der Fall ist. Offensichtlich muss ein Hindernis ihn davon abgehalten haben, jenen Weg einzuschlagen, den er heute nimmt. „Da nun die nordwesteuropäische Klimabegünstigung mit dem Golfstrom kommt und mit ihm ausbleibt, folgt aus ihrem Fehlen während des Quartärs, dass aller Wahrscheinlichkeit nach während dieser ganzen Epoche der Golfstrom noch nicht Europa angeströmt haben könnte. Ein Irrtum wäre kaum möglich. Denn damals war Irland ein unter Eis versunkenes, arktisch unwirtliches Land - heute aber, da der Golfstrom es bespült, gedeihen dort und an der Irischen See Palmen und andere subtropische Gewächse im Freien, auch während des milden Winters. Dieser prägnante, nicht wegzudisputierende Unterschied zwischen der quartär- und der quintärzeitlichen Klimatik macht es so gut wie sicher, dass eben jene Golfanströmung, die Irland wahrhaft zur Grünen Insel macht, während jener Zeit gefehlt haben muss.“[39] Irgendein Hindernis muss den Golfstrom von seiner heutigen Bahn abgebracht haben, so dass er nicht am anderen Ende des „Großes Teiches“ ankam. Die Sperre muss jene Landmasse gewesen sein, Muck spricht von 400 000 Quadratkilometern, die vor rund 12000 Jahren im Meer versank und den Weg freimachte für den heutigen Verlauf des Golfstromes. Jenes riesige Landmassiv - war Atlantis!

Muck liefert in seiner brillanten Analyse noch weitere Einzelheiten, auf deren Erwähnung hier verzichtet werden soll. Es mag genügen, sein überzeugendes Resümee zu zitieren, in dem er das Ergebnis seiner jahrelangen Forschungen zusammenfasst. „Die paläoklimatische Kritik hat mit Sicherheit ergeben, dass die nordwesteuropäischen Landeisgletscher bis zum 52. Breitengrad nur möglich waren, weil der Golfstrom, der sie sonst abgeschmolzen hätte, nicht bis zu Europas Küsten, sondern nur bis zu jener riesigen Insel mitten im Meer flutete, die diesem den Namen Atlantik gegeben hat. Was einst über dem Meer bestand und heute nicht mehr besteht, kann nur - da eine Landmasse von dieser Größe sich nicht in nichts aufgelöst haben kann - untermeerisch geworden sein. Die Tiefenkarte des Atlantiks hat dieses Geheimnis enthüllt. Die Insel ist versunken. Mit ihren gewaltigen Mauern und ungeheuren Kanälen ist sie zu jenem einzigartigen unterseeischen Landmassiv geworden, das - sonst ein unerklärlicher Zufall - gerade dort liegt, wo seither der Golfstrom seine Wassermengen ungehemmt nach Osten wälzt."[40]

Diese Veränderungen beeinflussten nicht nur den Golfstrom und damit die Klimabedingungen, sondern auch, wie sich erweisen wird, das Verhalten zahlreicher Lebewesen. Der Untergang von Atlantis markierte ein Zäsur in den gesamten Lebenssphären von Amerika, Afrika und Europa.

VI. DIE AUSWIRKUNGEN DES UNTERGANGES VON ATLANTIS IM TIERREICH

Die Abhandlungen über die Bedeutung der Existenz von Atlantis für bestimmte biologische Rätsel sind fast ebenso zahlreich wie die Forschungen über die kulturellen und spirituellen Einflüsse des versunkenen Kontinentes. Drei Aspekte ragen aus der Fülle der Untersuchungen heraus, und zwar das plötzliche Sterben der Mammuts am Ende des Quartärs, das Laichverhalten der Aale und das Auftreten gleicher Tierformen diesseits und jenseits des Atlantiks. Schon Scott-Elliot hat in seiner frühen Veröffentlichung auf das letztgenannte Phänomen hingewiesen. „Die nicht mehr abzuleugnende Existenz ähnlicher oder gleicher Arten der Tier- und Pflanzenwelt auf Kontinenten, die durch große Meere getrennt sind, bildet den Biologen und Botanikern ein ständiges Problem. Wenn aber zwischen diesen Erdteilen einst eine Verbindung bestand, welche die natürliche Wanderung solcher Tiere und Pflanzen gestattete, so ist das Rätsel gelöst. So findet man die fossilen Überreste des Kamels in Indien, Afrika, Südamerika und Kansas. Es ist aber eine allgemein angenommene Hypothese der Naturforscher, dass jede Tier- und Pflanzenart nur an *einer* Stelle des Erdballs entstanden sei, von wo aus sie sich allmählich über andere Erdteile ausgebreitet habe. Wie kann aber das Auffinden solcher fossiler Überreste ohne das Vorhandensein von *Landverbindungen* in weit zurückliegenden Zeiten erklärt werden? Ebenso scheinen neuere Entdeckungen in den fossilen Schichten Nebraskas gleichfalls zu beweisen, dass das Pferd auf der westlichen Halbkugel entstanden ist; denn seine fossilen Überreste nebst den verschiedenen Zwischenformen, die als Vorläufer des eigentlichen Pferdes festgestellt sind, wurden nur hier gefunden. Der Umstand jedoch, dass das Pferd auch in Europa heimisch ist, würde ohne die Annahme eines einstigen Bindegliedes zwischen den beiden Kontinenten schwer zu erklären sein. Hat doch das Pferd in Europa und Asien nachweisbar schon vor seiner Zähmung durch den Menschen, die fast bis zur Steinzeit zurückverfolgt werden kann, in wildem Zustand gelebt!“[41] Gleichartige Phänomene lassen sich im Pflanzenreich für die Banane oder zahlreiche andere kernlose Pflanzen feststellen. Alle diese Erscheinungen stellen ein Indiz dafür dar, dass zwischen beiden Kontinenten eine Landbrücke bestanden haben muss.

Im Quartär erfreuten sich die großen Mammutherden Sibiriens ihres Lebens - im Quintär sind sie vollständig ausgestorben. Sie fanden jedoch nicht durch einen allmählich Prozess der Degeneration ihr Ende, sondern sie wurden plötzlich ausgelöscht. Noch heute konserviert sie der „Tungusische Eisschrank“ und bietet den Forschern daher die einzigartige Gelegenheit, das Rätsel ihres übergangslosen Dahinscheidens selbst in Augenschein zu nehmen. Otto Muck verleiht diesem erstaunlichen Geschehen beredt Lebendigkeit. „Unübersehbar große Herden müssen einst hier geweidet haben, wohlgenährte Tiere aller Altersklassen, Stiere, Kühe und Kälber, als ein plötzlicher Tod sie ereilte, sie einfror und uns heute so zeigt, wie sie waren, als sie noch lebten. Tod und Frost haben ein furchtbar lebenswahres Bild geschaffen - ein Monumentalgemälde des Augenblicks, der das große Mammutsterben über dieses antediluviale Paradies der riesigen, friedlichen Dickhäuter brachte. Man könnte sich kein überzeugenderes Dokument für die ungeahnte Plötzlichkeit dieser Tierkatastrophe vorstellen als die Existenz von hunderttausend wohl erhaltenen Mammutleichen in Eis und Schlamm.

Zahlreiche Exemplare sind von Anatomen und Physiologen sorgsam untersucht worden. Alle waren äußerlich unverletzt. Immer ergab sich derselbe Befund, dieselbe Todesursache: Tod durch Ersticken. Plötzlich und unerwartet muss das große Sterben über diese Tiermassen gekommen sein. Wie plötzlich, das ergab die wissenschaftliche Untersuchung der Mageninhalte. Denn diese Mammutmägen enthielten häufig noch unverdautes, mitkonserviertes Futter, in einzelnen Fällen bis zu je 27 Kilogramm frisch abgerupfte Lärchen-, Fichten- und Tannennadeln, so dass man versucht war, nach den Bäumen zu blicken, von denen die Tiere mit ihren langen Rüsseln sich ihre Speise geholt haben. Aber der Blick fällt nur auf Eis und Schlamm, höchstens auf Tundrenflora."[42]

Muck sah nur eine Erklärung für den in ganz kurzer Zeit eingetretenen Tod der riesigen Mammutherden, die ja nicht nur in Sibirien, sondern auch in Alaska in rasanter Schnelligkeit vom Tod ereilt wurden. Der Aufprall eines Planetoiden, den Muck, wie später noch zu behandeln sein wird, auch als Ursache für den Untergang von Atlantis annahm, löste die Katastrophe aus. „Die Sonne schien ihre Bahn zu verlassen und quer über den Himmel zu irren. Dann grollte es fernher. Furchtbarer Donner dröhnte. Es war der Knall, mit dem der Planetoidenkern zersprang. Er ging in den über die Erde rasenden Lärm der ausgelösten Unterwasserkatastrophe über. Das war bestimmt das letzte, was die nun aufgescheuchten Mammutherden hörten - denn diese Schallwellen brachten die Stickgase mit, die als Vorhut des Todes den anderen apokalyptischen Boten vorauseilten. Wie eine Würgedecke legten sie sich über das Land. Sie erstickten die Tiere - anscheinend so schnell, dass nicht einmal ein Würgkrampf anatomisch oder physiologisch nachweisbare Spuren an den wie lebensfrischen Kadavern hinterließ. Sie brachen in die Knie, fielen um und starben."[43]

Das seltsame Verhalten der Aale hatte schon Aristoteles verwirrt, obwohl er, wie Muck treffend bemerkt, die Antwort in Platons Spätwerken vor Augen hatte. Die europäischen Aale haben die eigenartige Gewohnheit, zweimal im Leben den gesamten Atlantik zu durchqueren, was nicht nur anstrengend und offensichtlich sinnlos, sondern auch gefährlich für die Art ist.

Das Aalleben beginnt im Tanggestrüpp der Sargassosee, das sich westlich und südlich der Azoren erstreckt. „In diesen Tangparadiesen feiern die Aale ihre Hochzeit. Die amerikanischen Aale laichen im Westteil, die europäischen Aale im Ostteil der Sargassosee. Aus dem befruchteten Laich schlüpfen durchsichtige, winzige Jungfischchen. Schon in ihnen erwacht der geheimnisvolle Wandertrieb. Sie schlängeln sich aus dem Tangwald ihrer ersten Kindheit allmählich an den Wirbelrand, wo der Golfstrom sie in sein warmes Wasserbett aufnimmt und die munter Schlängelnden nach Osten, an die fernen Gestade Westeuropas mitnimmt. Drei Jahre dauert diese Reise. Allmählich werden aus den Glasaalen, soweit sie nicht den zahllosen ihnen nachstellenden Raubfischen zum Opfer gefallen waren, grünlich-braune, schlangenhaft bewegliche Fische. Vor den Küsten aber teilt sich der bis dahin einheitliche Schwarm. Während die männlichen Aale im Salzwasser zurückbleiben, schwimmen die Jungweibchen hinein in die Unterläufe der europäischen Flüsse. In ihnen schwimmen sie aufwärts, überwinden natürliche und künstliche Hindernisse und scheuen selbst vor gelegentlichen Überlandausflügen nicht zurück. Zwei Jahre dauert diese seltsame Trennung der Geschlechter. Mit fünf Jahren ist der Aal geschlechtsreif - und dann erst treffen sich die getrennten Teilschwärme wieder. An den Flussmündungen erwarten die Aaljünglinge ihre flussabwärts nahenden Hochzeiterinnen, und nun beginnt die Hochzeitsreise, zurück in die Sargassosee."[44]

Zwei Dinge sind an diesem Prozess, der sich ständig wiederholt, nur schwer zu verstehen. Zum einen die gefährliche, hohe Verluste mit sich bringende Wanderung und zum anderen das Verhalten der weiblichen Aale. Dieses hängt ganz offensichtlich mit dem Umstand zusammen, dass die Aalweibchen nur im Süßwasser geschlechtsreif werden. Hier nun wird das ganze Geschehen noch unbegreiflicher, da für diesen Vorgang Westindien erheblich näher läge als das ferne Europa. Außerdem müssten die männlichen Aale die lange Reise gar nicht antreten, da für sie keine biologische Notwendigkeit vorliegt. Die Antwort liegt in dem einfachen Sachverhalt begründet, dass sie einst nur den kurzen Weg mit dem Golfstrom von der Sargassosee bis vor die Küste Atlantis und zurück zu nehmen hatten. Solange Atlantis existierte, war das Verhalten der Aale sinnvoll und völlig natürlich. „Erst nach dem Untergang von Atlantis und der dadurch verursachten Auflösung des Golfstromkreislaufes um die Sargassosee wurde das Leben der Aale unverständlich und rätselhaft; denn die Aale leben weiterhin so, als ob Atlantis noch existierte. Die Aale können Atlantis nicht vergessen."[45]

VII. BAUWERKE WESTLICH UND ÖSTLICH VON ATLANTIS

Hinsichtlich der vergleichenden Studien von Baustrukturen westlich und östlich des Atlantiks hat vor allem Stacy-Judd Herausragendes geleistet. Seine große Arbeit enthält eine Fülle an Dokumenten und ein beeindruckendes Bildmaterial. Vor allem die südamerikanische Kolonisation seitens der Atlanter steht im Mittelpunkt seiner Arbeit. Bei seinen Studien in Mexiko, vor allem auf der Halbinsel Yukatan, fand er eine Fülle an Hinweisen, die auf Atlantis als Ursprung der später in Südamerika entstandenen Hochkulturen hinweist.

Die nachstehende, aus der Kultur der Azteken stammende Zeichnung soll die Ankunft der „Ahnen" aus einem Land „umgeben von Wasser" andeuten. Bemerkenswert ist vor allem die Dominanz jenes einer Pyramide ähnelnden Gebäudes auf der Heimatinsel der Vorfahren. Die Atlantis-Forschung geht weithin davon aus, dass auf Atlantis ein „heiliger Berg" existierte, der „Ur-Atlas", nach dem die Atlanter ihre großen Tempel ausrichteten. Dieser vulkanische Gipfel scheint einem Stufenvulkan geglichen zu haben, weshalb in verschiedenen Kulturen die Form

der Stufenkultbauten auftritt. Sollte die atlantische Tempelbauweise hierfür das Urbild geliefert haben, wäre dies nur allzu verständlich.

Stacy-Judd weist darauf hin, dass „die Stufenpyramide in der Euphrat-Ebene, in Ägypten, bei den Maya-Kulturen Südmaerikas und in der mexikanischen Tiefebene zu finden sind".[46] Er fand zudem heraus, dass der Maya-Ausdruck *Babil*, der für Grabhügel oder Berg steht, die Grundlage des Wortes Babylon bildete, und so verwundert es nicht, in den babylonischen Sakralbauten Ähnlichkeiten mit der Bauweise in Südamerika zu finden.

Noch deutlicher wird die Übereinstimmung, wenn man etwa die frühen ägyptischen Pyramiden mit den Bauwerken in Mexiko vergleicht.

Die im oberen Teil abgebildete Stufenpyramide von Sakkara in Ägypten und jene Stufenpyramide in Mexiko könnte von den gleichen Baumeistern errichtet worden sein - oder zumindest von der gleichen (atlantischen ?) Vorlage inspiriert worden sein.

Stacy-Judd gelang es, fast alle Tempelstrukturen westlich und östlich des Atlantiks sowie in Südamerika auf ähnliche Grundstrukturen zurückzuführen.[47] Die Erbauer der babylonischen Zikkurats, der ägyptischen Pyramiden und der mexikanischen Tempel müssen auf gemeinsame Vorlagen zurückgegriffen haben. „In Mexiko waren die Heiligen Hügel in vielen Fällen eine natürliche Pyramide. Sie waren gleichermaßen der Wohnsitz der Fruchtbarkeitsgöttin wie der Ort ihrer Anbetung. Die frühesten Pyramiden in Mexiko waren Anhäufungen von Erde und Ziegelsteinen, genauso wie es von den Pyramiden Ägyptens überliefert ist. Es ist also durchaus vernünftig, anzunehmen, sie seien Nachahmungen des Heiligen Hügels von Poseidonis auf Atlantis gewesen. Später wurden die Pyramiden mit Stein umkleidet, in Mexiko wie in Ägypten."[48] Alle diese Ähnlichkeiten können nicht auf Zufällen oder gleichzeitigen 'architektonischen Eingaben' beruhen. Es erscheint eine weitaus sinnvollere Annahme, von einer gemeinsamen Wurzel auszugehen, die den frühen nach-atlantischen Baumeistern die Inspiration oder die Vorlage für die Errichtung ihrer Sakralbauten lieferte. „Vermutlich ist nämlich der Berg Atlas das eigentliche Urbild der Pyramiden und all der vielgestaltigen Kultbauten in den Ländern westlich und östlich des Atlantiks - überall dort, wohin direkt oder durch Reflexion ein Strahl des Lichtes aus Atlantis gefallen war."[49]

VIII. DER PLANETOIDEN-EINSCHLAG

Der Planetoid, der den Untergang von Atlantis auslöste, gehört zur so genannten Adonis-Gruppe. Sein Aufprall auf der Erde muss die Wirkung einer gigantischen Atombombe gehabt haben. Er erzeugte ein Trichterfeld, das bis weit nach Carolina hinein nachweisbar ist und löste eine Flutwelle unvorstellbaren Ausmaßes aus. Vor allem Otto Muck widmete der Erforschung seiner Bahn, seiner Herkunft und seiner Zerstörungskraft außerordentliche Aufmerksamkeit. Er rekonstruierte seine Fallparabel und erstellte eine beeindruckende Liste von noch heute auffindbaren Spuren jenes schrecklichen Geschehens. „Er kam von Nordwesten, also von der Seite des Sonnenuntergangs. Er hat somit die Erde auf ihrer Umdrehung und in ihrem Sonnenumlauf überholt; er war also viel schneller. Aus diesem Grunde muss seine Bahn sehr flach und langgestreckt gewesen sein. All das stimmt für die Adonis-Gruppe. Die Annäherung des Kleinen an das Größere dürfte zufällig in der Nähe eines Knotenpunktes - also eines Schnittpunktes der beiden Bahnen - erfolgt sein. So kam er der Erde noch näher als 1936. Ihre gravitative Attraktion zog ihn an sich; sie krümmte seine Bahn zu einer immer steiler werdenden Fallparabel. Er wurde dabei ständig schneller. Er muss mit mindestens 15 bis 20 Kilometern je Sekunde (erdbezogene Geschwindigkeit) in den Wasserstoffmantel eingeschlagen sein, längs einer Bahn, die mit etwa 30 Grad die Erdbahn kreuzte. In etwa 400 Kilometern Höhe begann es um ihn im Wasserstofflicht rot zu leuchten. Je heißer er wurde, desto blendender, weißer wurde der Gasschweif hinter ihm. Ungeheurer, als je ein Komet es sein könnte, in einem Lichtglanz, vor dem die Sonne erblasste, muss dieser tötende Blitz niedergestoßen sein. Das Auge, das ihn sah, wurde geblendet - für immer."[50] Das ganze Geschehen dauerte aller Wahrscheinlichkeit nach nur wenige Minuten. Bereits kurz nach seinem Erscheinen schlug der kosmische Todesbote auf der Erde ein.

Man denkt bei Mucks Ausführungen unwillkürlich an zahlreiche bisher in den Bereich des Mythos verdrängte Berichte, die etwa bei den Griechen oder im Popul-Vuh aufzufinden sind. Im Lichte neuerer Darlegungen erscheint es aber durchaus glaubhaft, hier uralte Überlieferungen zu vermuten, die von jenem katastrophalen Ereignis Zeugnis ablegen. Vor allem das Bild einer „vom Himmel herabstoßenden Schlange" dürfte den Einschlag eines Meteors zutreffend wiedergeben. Freksa greift auch einen Vers aus der „Edda" auf, in der die alte Seherin Völuspa spricht:

„Schwarz wird die Sonne, die Erde sinkt ins Meer,
Vom Himmel schwinden die heitern Sterne.

Glutwirbel umwühlen den allnährenden Weltbaum,
die heiße Lohe bedeckt den Himmel."

Dieser überaus feine Ascheregen wurde von den Westwinden nach Osten getrieben und verdunkelte den Himmel. „Durch den Entzug der Sonne ist es in dieser Region nicht nur dunkel geworden, sondern auch kalt. Und ungefähr zwei Jahrtausende hat es gedauert, bis sich der feine Staub - vorzugsweise in der gleichen Region - vollständig abgesetzt hat. Wir haben es hier, in Mucks glänzender Beweisführung, mit einer Bestätigung jenes Phänomens von Dunkelheit, Kälte und staubdurchsetzter Luft zu tun, das nicht nur der nordischen Überlieferung, sondern besonders auch Homer und anderen mediterranen Schriftstellern, darunter Herodot, Plutarch und Plinius, noch bekannt war. Woher hat unser „Abendland" seinen Namen? Wahrscheinlich von jener Dunkelheit."[51] Die betroffenen Gebiete mussten für lange Zeit ein unwirtliches, unbewohnbares Land gewesen sein, und Freksa sieht in diesen Auswirkungen auch die Ursache für eine fast zweitausendjährige Periode weitgehender Siedlungslosigkeit in Mitteleuropa. Erst danach begannen die frühen mitteleuropäischen Kulturen wieder zu neuer Blüte zu erwachen.

Über den Sachverhalt sind sich viele Atlantis-Forscher einig, diskutiert wird noch über den Zeitpunkt des Meteoriten-Einschlages. Muck rekonstruierte für den Einschlagszeitpunkt aus astronomischen Daten eine Dreifachkonjunktion zwischen Mond, Venus und Sonne und begründet dann seine Berechnung so, dass der Einschlag, unter Mithilfe der beiden Planeten, „frühestens während des Sonnenunterganges, spätestens zur Mitternachtsstunde, bezogen auf den Einschlagsort, erfolgt sein muss. Wahrscheinlich lag er dazwischen, also etwa um 20 Uhr Ortszeit, 75 Grad westlich von Greenwich. An der Datumsgrenze, dem Meridian Null, war es sieben Stunden früher; der Einschlag erfolgte etwa um 13 Uhr Erdzeit.

Damit liegt das epochale Datum mit aller nur wünschenswerten Genauigkeit fest: 5. Juni -8498 (Greg.) 13 Uhr Erdzeit.

Es war der Beginn des Todeskampfes von Atlantis - der furchtbare Schrei, mit dem das gegenwärtige Aion in sein Dasein trat."[52]

Im selben Jahr, 8498 v.Chr., beginnt der überaus präzise und von hoher Kenntnis geprägte Maya-Kalender! Ein Zufall?

Nicht alle späteren Atlantis-Forscher übernehmen Mucks Rechnung. Aschenbrenner weist darauf hin, dass Muck noch nicht auf die C-14-Methode zurückgreifen konnte, mit der etwa die Wiener Wissenschaftler Edith und Alexander Tollmann die Schlammschicht am Fuße der großen Pyramide untersuchten. Sie fanden „Meeresmuscheln und den Knochen eines Meeressäugetieres, die in Verbindung mit einer dicken Schlammschicht von der großen Flutwelle am Fuße der Gizeh-Pyramiden abgelagert wurden. Da sie kohlenstoffhaltiges Material enthalten, war eine exakte Altersbestimmung mit Hilfe der C-14-Methode möglich. Diese ergab bei sämtlichen Proben übereinstimmend ein Alter von 11600 +/- 300 Jahren. Damit ist bereits der Zeitpunkt eindeutig ermittelt, an dem der Komet den Atlantik traf und dabei die gewaltige Flutwelle auslöste."[53]

Wenn diese Berechnungen präzise sind, dann könnte man heute, rund zweieinhalb Jahrtausende nachdem Platon den „Timaios" und den „Kritias" (Atlanticus) verfasste, feststellen, dass Solon genau diese Zeitangabe von seinen eingeweihten ägyptischen Priesterlehrern mitgeteilt bekommen hatte. Platon hatte also doch Recht!

IX. ATLANTIS IM BEWUSSTSEIN DER GEGENWART

Vor rund elftausend Jahren versank die letzte Insel des einst großen und mächtigen Reiches von Atlantis - doch im Bewusstsein der Menschen lebt Atlantis noch immer weiter. Wie lässt sich dies erklären?

Eine einfache Antwort könnte vielleicht auf die Faszination des Geheimnisvollen, des Rätselhaften verweisen. Doch dies wäre zu kurz gegriffen. Die Antwort liegt eher auf jener Ebene, die schon Helena Blavatsky und Rudolf Steiner heranzogen - Evolution durch Reinkarnation! Die geistig-seelische Wesenheit des Menschen kehrt immer wieder in ein neues Erdengewand zurück, bildet einen neuen Körper, der natürlich auch über ein neues Gehirn verfügt. Dieses wiederum erinnert sich naturgemäß nicht an die Eindrücke des vergangenen Lebens. In der Geistseele jedoch bewahrt ein Individuum die Erinnerungen an seine gesamte Vergangenheit. Aus diesem Speicher können, etwa durch Meditation, Träume oder Visionen, Bilder aus einer fernen Vergangenheit heraufsteigen, die nichts mit dem Erleben der Gegenwart zu tun haben. So blieb und bleibt das Erinnern an Atlantis lebendig und gestaltet auch das Leben im Hier und Heute mit. „Die modernen angelsächsischen Atlantis-Forscher halten sogar die Tätowierungskunst für ein typisch atlantisches Ritual."[54]

Es wäre sogar zu fragen, ob das stark ansteigende Interesse an der Atlantis-Frage in der Gegenwart nicht möglicherweise damit zu tun hat, dass viele „atlantische Seelen" zur Zeit wieder inkarniert sind, die ein fernes Wissen mitbringen oder eine Ahnung um alte Zeiten verspüren. Diese Vorstellung erhält Nahrung und Zustimmung von ganz unterschiedlichen Seiten, von Medien, Mystikern und Eingeweihten. Einige dieser außergewöhnlichen Menschen und ihre persönliche Beziehung zu Atlantis sollen den Abschluss dieses Buches bilden.

Edgar Cayce
DER SCHLAFENDE PROPHET

Edgar Cayce zählte zweifelsohne zu den außergewöhnlichsten Menschen des 20. Jahrhunderts. Aufgewachsen als orthodox-frommer Christ, gelangte er durch dramatische spirituelle Erfahrungen zu einem völlig veränderten geistigen Weg und zur Entdeckung seiner einzigartigen Begabung. Cayce konnte sich selbst in Trance versetzen und dann, über Zeit und Raum hinaus, Aussagen über die Vorleben ihm völlig unbekannter Menschen machen. Er sah sich in der Lage, die Karma-Strukturen der betreffenden Personen zu erkennen und ihnen so Verständnis für ihr gegenwärtiges Schicksal zu vermitteln. Vor allem aber war er in zahllosen Fällen imstande, medizinische Ratschläge zu geben, die selbst bei schwersten Erkrankungen fast immer schnelle Hilfe brachten. Wieder im Wachzustand, war es Cayce selbst völlig unbegreiflich, was er für Ratschläge erteilt hatte, und er war jedesmal selbst verblüfft und bewegt, welche wunderbaren Heilwirkungen von seinen Botschaften ausgingen.

Für Edgar Cayce hatte Atlantis nicht die geringste Rolle in seinem Leben gespielt, bis er feststellen musste, dass in zahlreichen seiner Lebensbotschaften, den so genannten „Readings“, immer wieder Menschen mit einer Inkarnation in Atlantis konfrontiert wurden. Offensichtlich spielte das Schicksal des späten atlantischen Reiches eine nicht unerhebliche Rolle in den Leben vieler Menschen des 20. Jahrhunderts. So sammelten sich allmählich die Readings, in denen Cayce eine Fülle unterschiedlichster Aussagen zum Thema Atlantis machen konnte.

Die bemerkenswerteste Prophezeiung jedoch, die Cayce jemals im Zusammenhang mit Atlantis äußerte, erfolgte im Jahr 1940. Er verkündete, Atlantis werde in seinen ersten Teilen wieder aus dem Meer auftauchen. Er erwartete dies in gar nicht allzu ferner Zukunft, sondern in den Jahren 1968 oder 1969. Als dann am 23. August 1968 in den Gewässern vor den Bahamas ein Gebilde entdeckt wurde, dass man als „antiken Tempel“ deutete, schien sich die Prophezeiung Cayces erfüllt zu haben. Leider wurden die ersten Spuren, obwohl sehr vielversprechend, nicht weiter erforscht. Die Menschheit gab, in den Hochzeiten des Kalten Krieges, ihr Geld leider für andere Dinge aus. Vielleicht bedarf es noch ein wenig Geduld, ehe Atlantis wirklich wieder das Licht einer breiteren Öffentlichkeit erblickt.

Es erscheint hier jedoch sinnvoll, Cayces Darlegungen über Atlantis noch detaillierter zu betrachten, vor allem im Hinblick auf seine Aussagen, viele Atlanter seien in der Gegenwart wieder inkarniert. Cayce nahm dabei häufig eine Inkarnationskette Atlantis, Ägypten, Rom und Mitteleuropa an, die erst in jüngster Zeit durch Nordamerika erweitert wurde. Natürlich gab es dazu weitere Ergänzungen, aber vor allem die atlantisch-ägyptische Verbindung tauchte immer wieder auf. Die amerikanische Cayce-Forscherin Gina Cerminara ging in seinen Readings unter anderem auch der Frage einer Verbindung Atlantis-Ägypten nach. Gemäß Cayces Botschaften „sollen gewisse bis heute verschlossene Kammern der Großen Pyramide eines Tages geöffnet werden und vollen Aufschluss über die Geschichte und Bevölkerung von Atlantis geben. Diese Berichte wurden in die Pyramide gebracht, sagte Cayce, als einige Bewohner von Atlantis nach der dritten und letzten Sintflut nach Ägypten flohen, die etwa um 9500 v.Chr. eintrat. Cayce bezog sich auf die Insel Bimini, vor Miami in Florida, als einen Gebirgsgipfel von Atlantis. Er behauptete, dass auf dem Meeresgrund um diese Insel ein schöner atlantischer Tempel gefunden werden könne, dessen Kuppel zum Einfangen der Sonnenenergie durch besonders gearbeitete Kristalle konstruiert worden sei. Nach den Botschaften haben die Atlantis-Bewohner weit ausgeprägtere wissenschaftliche Kenntnisse als wir gehabt."[55] Der Missbrauch in der Nutzung bestimmter Energien war, so Cayces Überzeugung, mitverantwortlich für die letztliche Zerstörung des Inselreiches. Die äußere Katastrophe war nur der Ausdruck einer inneren Abwendung von den göttlichen Gesetzen. Bemerkenswerterweise sah Cayce immer wieder zwei Gruppen von reinkarnierten Atlantern - jene, die damals vom LICHT abgefallen, und jene, die dem LICHT treu geblieben waren. Dabei scheint der zerstörerischen Verwendung bestimmter „Kristalle" besondere Bedeutung zugekommen zu sein. Cayce nennt sogar wörtlich den „Tuaoi Stein" als Auslöser der Katastrophe.[56]

Da anscheinend viele Atlanter das Unglück vorausahnten, fand in den letzten Jahren vor dem Sinken von Poseidonis eine große Fluchtbewegung von Atlantis nach Ägypten statt. „Diese Flüchtlinge brachten natürlich ihr hoch entwickeltes Wissen auf den Gebieten der Kunst und Technik mit; und obwohl sie aus verschiedenen Gründen nicht in der Lage waren, ihre in alle Winde zerstreuten Errungenschaften wieder völlig zu einer Kultur aufzubauen, so vermischte sich doch ein Restbestand ihres Wissens mit der Kultur der Ägypter. Alle jene in den Cayce-Botschaften vorkommenden Fälle, in denen das Studium der Elektrotherapie für den Beruf empfohlen wird, weisen folgende bemerkenswerte Gemeinsamkeit auf: sie schlagen ein Arbeitsgebiet vor, das für unsere heutige Zivilisation verhältnismäßig neu ist, aber im „ganz fernen" Altertum wohlbekannt war. Die Kenntnis dieses Wissenszweiges ist im Laufe der Geschichte dem Bewusstsein verloren gegangen. Es hat sich jedoch latent im Unterbewusstsein derer erhalten, die zu jener alten Zeit, in Atlantis, inkarniert und auf diesem Gebiet tätig waren."[57] In einem anderen Fall empfahl Cayce den Eltern eines Kindes, dessen Interesse auf die Elektronik zu richten, da er in Atlantis „ein Experte für Klang-Wellen" gewesen sei.[58]

Cayce verstand seine Aussagen über Atlantis nicht nur als eine interessante Variante seiner Karma-Readings, sondern vor allem als Mahnung für die Zukunft. Atlantis war einst untergegangen, weil die Menschen vom rechten Weg abgekommen waren, dies sollte sich nicht wiederholen. „Wie schon angedeutet, waren die Atlanter weit fortgeschritten und mit göttlichen Fähigkeiten begabt, aber sie vergaßen auf der Erde den Einen Gott, in dem wir alle leben und unser Sein haben. Daher lösten sie jenes Unheil aus, welches zwar die Körper, aber nicht die Seelen zerstören konnte. Viele, sehr viele Atlanter sind gegenwärtig wieder auf der Erde verkörpert."[59] Diese scheinen auch wieder in den selben Bereichen zu arbeiten, und wieder liegt es offensichtlich in ihrer Hand, eine Hochtechnologie, wie etwa die Atomkraft, weise oder zerstörerisch zu nutzen. Auch die weisen Eingeweihten des alten Atlantis schreiten erneut über die Erde, mahnend und wegweisend. Es bleibt abzuwarten, in welche Richtung die Menschheit diesmal wandeln. Sollten die Lehren der Theosophie und der Anthroposophie zutreffen und die Menschheit grundsätzlich, trotz aller Rückschläge, dem LICHT entgegenreifen, so besteht die berechtigte Hoffnung, dass ein zweites Atlantis-Szenario der Menschheit diesmal erspart bleibt.

Willigis
DER ALTE AUS ATLANTIS

Der 1965 in die Geistige Welt zurückgekehrte Mystiker Willigis kann zu jenen Wissenden gezählt werden, deren Aufgabe es nicht war, ins helle Licht der Öffentlichkeit zu treten und bei Lebzeiten eine große Schülergruppe um sich zu scharen. Er gehörte zu jenen Eingeweihten, die in der Verborgenheit wirkten und als Mittler zwischen der Welt des Geistes und dem physischen Plan dienten. Als er durch die lichten Hüter der Menschheit seine Einweihung empfing, wurde ihm auch die Gabe der Rückschau auf seine früheren Erdenleben zuteil. Auf seine Frage, ob er diese Erlebnisse auch anderen Suchenden mitteilen dürfe, legte man die Entscheidung darüber ganz in seine Hände. So entschloss sich Willigis, einige wenige wesentliche Inkarnationen in Romanform zu veröffentlichen. Einen davon nannte er „Der Alte aus Atlantis“. Er knüpfte um seine Rückschau eine spannende Handlung, blieb aber hinsichtlich der atlantischen Gegebenheiten so nahe wie möglich an der Realität.

Auf den Spuren seiner alten Heimat gelangt Willigis,

in seinem Roman Erik von Lichtenau genannt, nach Yukatan, das er als ehemalige atlantische Kolonie wiedererkennt. Durch einen alten Weisen wird er dann in sein Bewusstsein als einflussreicher Atlanter der Spätzeit versetzt.

Willigis schildert den Aufbau von Atlantis in ähnlicher Weise wie es Solon in Ägypten beschrieben wurde, der einzige kleine Unterschied besteht darin, dass nach seiner Rückerinnerung Atlantis in zwölf und nicht in zehn Königreiche unterteilt war.[60] Auch er bestätigte ein ausschließlich männliches Königtum, das in der Regel innerhalb der Herrscherfamilien weitergegeben wurde.[61] Viele Jahrhunderte lebte Atlantis friedlich, inspiriert von einem Hohepriester, den Willigis als „Loki" bezeichnete, als Diener Elohims. Atlantis kannte einen Monotheismus, der sich deutlich unterschied von polytheistischen Kulten in den Reichen westlich und östlich des Inselstaates. Erst als die ersten Bluttaten auf Atlantis geschahen, begann der moralische Abstieg der atlantischen Kultur. Die Erzählung von Kain und Abel im Alten Testament deutete Willigis als eine unbewusste Erinnerung an jene Ereignisse. Viele alte Mythen und Legenden enthielten nach seiner Überzeugung Aufzeichnungen atlantischer Ereignisse, nur war der heutigen Zeit der Schlüssel zur Deutung verloren gegangen.

Ein kurzer Auszug aus den Aufzeichnungen von Willigis vermittelt einen bildhaften Eindruck der Lebensverhältnisse des späten atlantischen Reiches.

„Bayagard ist die älteste und größte Stadtanlage von Atlantis. Viele Meilen erstreckt sie sich an der Südküste der Insel. Ein Netz von Kanälen verbindet Bayagard mit dem Meere und den anderen Asgards (Hauptstädten, P.M.). Auch in der Stadt selber ziehen sich, neben den Straßen, Kanäle nach allen Richtungen. Alles, was Atlantis an Reichtum aufzubringen vermochte, ist hier zusammengetragen. Palast reiht sich an Palast. Die flachen Dächer sind mit Goldplatten belegt und die Außenwände mit großen Halbedelsteinen verziert. Nur Marmor in allen Farbtönungen hat als Baumaterial Verwendung gefunden. Die Zinnen der Paläste werden überragt von himmelanstrebenden Türmen, auf denen Harfen dem Wind als Musikinstrumente dienen. Ein melodisches Summen und Klingen erfüllt die Luft. Auf den Kanälen wimmelt es von Nachen und Barken aller Größen. Hier und da zeigt sich ein größeres Fahrzeug, von einer Anzahl Ruderer betrieben, irgendeinem Höheren oder Mächtigeren eigen. Eine üppige Flora, in den Straßen und auf den Plätzen, in den Gärten der Häuser und Paläste, verbreitet betäubenden Duft.

Von einem breiten Ringkanal umschlossen, erhebt sich auf einer Anhöhe die Tempelburg des Loki. Sie ist eine Stadt für sich. Von mächtigen Mauern umgeben, birgt sie den großen Tempel, den Palast des Loki und die Häuser der Priester und Dienenden. Der Tempel gleicht denen in den anderen Asgards, nur ist er noch großartiger in der Anlage und Ausstattung."[62]

Willigis spricht in seiner Erzählung auch von vorangegangenen Katastrophen, die das allmähliche Absinken der früheren, weitaus größeren Insel bewirkt hatten. Dies stützt die Aussagen anderer Autoren, speziell aus theosophischer und anthroposophischer Sicht.

In der Spätzeit gab es dann eine Gruppe führender Atlanter, welche die kulturellen, spirituellen und wissenschaftlichen Errungenschaften der Insel an andere Völker weiterreichen wollten. So lässt Willigis einen der atlantischen Könige folgende Aussage machen: „Atlantis Söhne müssen das Meer überwinden, sie müssen den Dunklen in ihren Landen Wegweiser sein zu einem besseren Leben und lichterer Erkenntnis.“[63]

Nach den Aufzeichnungen von Willigis scheint es jedoch so, als habe sich die Gruppe nicht mehr durchsetzen können und der Untergang bereits kurz bevorgestanden. So lässt er seinen Erlebnisbericht mit einer Vision des Hohepriesters ausklingen, der offenbar den Untergang von Atlantis in einer schrecklichen Vision vorhersieht. „Ein Stöhnen wird laut und entringt sich mit dem keuchenden Atem des Lokis Brust. Die Lippen zucken, Worte fallen in den Raum: „...des Machtwahns Gier ergreift sie ... sie erobern die Erde ...Blut fließt, viel Blut ...sie wenden sich ab, sie wenden sich ab von Elohim. ...das Unheil kommt ... die große Flut ...viele, viele Menschen schreien und flehen ... die Wasser, die Wasser verschlingen sie...“.“[64]

Es soll natürlich nicht aus den Augen verloren werden, dass es sich beim „Alten aus Atlantis" um eine romanhafte Ausgestaltung der Atlantis-Thematik handelt: Dennoch, es zeigt sich in der Handlung eine Fülle von Motiven, die sich mit den historischen Überlieferungen und den esoterischen Traditionen decken. Zudem lebt die Erzählung von der Intensität des „Augenzeugen", von der Dramatik des Berichtes eines Mannes, der von sich selbst sagte - ich habe auf Atlantis gelebt!

Vicky Wall & Mike Booth
AURA-SOMA UND ATLANTIS

Es war im Jahr 1983, als die blinde Engländerin Vicky Wall in zwei aufeinander folgenden Nächten jeweils eine Stimme hörte, die sie aufforderte: „Teile die Wasser!" In der zweiten Nacht leistete sie der Aufforderung Folge, ging in ihr kleines Arbeitszimmer - und schuf die erste Aura-Soma-Flasche, die damals noch „Balance" (heute Equilibrium) hieß. Sie erinnerte sich später: „Ich musste gehorchen und verließ mein Bett. Ich kann mich weder an die nächsten Stunden erinnern noch daran, wie Balance eigentlich geboren wurde. Alles, was ich weiß, ist, dass andere Hände die meinen geführt haben."[65]

Aura-Soma entwickelte sich in den nächsten Jahren rasant und wurde eines der faszinierendsten und effektivsten sanften Heilsysteme überhaupt.

Mike Booth, Vicky Walls Nachfolger, schrieb viele Jahre

später über die Verbindung von Aura-Soma und Atlantis: „Bei einem Blick zurück in die Geschichte lässt sich feststellen, dass die Menschen schon in Ägypten, Griechenland und Palästina mit Licht und Farbe gearbeitet haben. Es wird angenommen, dass in Atlantis Farbe nicht nur zum Heilen, sondern auch zur Bewusstseinsentwicklung eingesetzt wurde. Viele Menschen, die sich in den vergangenen Jahren mit Aura-Soma befasst haben, sprachen über eine Verbindung zwischen Atlantis und Aura-Soma.“[66]

In den ersten Tagen und Wochen nach der Geburt des Aura-Soma-Systems waren diese Verbindungen jedoch noch nicht so klar zu erahnen, wenngleich Vicky Wall anlässlich der ersten Präsentation der Flaschen, in Dänemarks Hauptstadt Kopenhagen, einige ungewöhnliche hellseherische Beobachtungen machen konnte. In vielen der Menschen, die sich zu ihrem Stand hingezogen fühlten, erkannte sie reinkarnierte Atlanter. Auch diese schienen in den Flaschen etwas Verwandtes zu entdecken, vor allem in der Flasche B 3 (Blau/Grün), die später auch den Namen „Die Atlanter Flasche“ erhielt. Nach der Anwendung dieser Flasche, die vor allem im Bereich des Herz-Chakras und um den Brustkorb herum aufgetragen wird, fühlten sich jene ‘atlantischen Besucher’ alle wundersam erfrischt und mit neuer Energie aufgeladen. Vicky Wall war selbst tief beeindruckt vom Auftauchen dieser vielen atlantischen Seelen. „Interessant fand ich, dass die am häufigsten auftretende Aura-Farbe unter den Atlantern

Türkis war, die Kombination von Blau und Grün. Sie wurde auch immer als Balance-Flasche ausgewählt. ... Nach der Ausstellung wurde mir klar, dass dies die größte Ansammlung von Atlantern war, der ich jemals begegnen durfte. Sie waren wieder als kraftvolle Heiler gekommen und hatten sofort einen Bezug zu der Blau-Tiefmagenta-Balance-Flasche gefunden, die mittlerweile auf der ganzen Welt von Heilern geliebt und benutzt wird."[67] Vicky Wall war zu zurückhaltend, um zu erwähnen, dass man wohl kaum ein atlantisches Farbheilungssystem erschaffen konnte, ohne selbst eine alte atlantische Seele zu sein!

Vicky Wall verknüpfte die Energie des Herzens mit Atlantis, und so sind es im Aura-Soma-Farbheilungssystem vor allem die „Herz-Flasche" B 3, die mit Atlantis verbunden wird, sowie die B 83 und die B 88. Allen drei Flaschen wird die Eigenschaft zugesprochen, mit uralten atlantischen Erinnerungen in Kontakt zu bringen. Interessanterweise wird die Flasche B 83 auch mit Kristallen in Verbindung gebracht, die in Atlantis offensichtlich eine große Rolle gespielt haben. „B 83 kann die Verbindung zu Kristallen fördern und die Möglichkeit, sich für die Devas zu öffnen, die mit ihnen arbeiten."[68]

Es lässt sich, zumal Aura-Soma ein dynamisches, sich ständig weiter entwickelndes System ist, noch gar nicht absehen, welche Verbindung zwischen diesem faszinierenden Kosmos aus Farben und Essenzen und dem alten Atlantis noch erkennbar werden. Allein schon die Tatsache, dass 'alte atlantische Seelen' sich nach vielen Jahrtausenden wieder inkarnieren, um das verborgene Wissen um die Farben und ihre Kräfte wiederzubeleben, ist schon Fascinosum genug.

Manuela Oetinger
ERINNERUNGEN AN ATLANTIS

Während Edgar Cayce seine Botschaften über Atlantis nur in einer Trance vermitteln konnte, zählt die Allgäuer Therapeutin Manuela Oetinger zu jenen außergewöhnlichen Seherinnen, die im Wachbewusstsein oder in der Versunkenheit der Meditation die Grenzen von Raum und Zeit zu überschreiten vermögen, um Bilder und Eindrücke aus der Zeit des alten Atlantis aufzunehmen. In einem persönlichen Gespräch fasste sie einige ihrer Eindrücke zusammen, die einen lebendigen Eindruck der Spätzeit von Atlantis vermitteln und in vielen faszinierenden Details die bisher dargelegten Forschungsergebnisse bestätigen.

Peter Michel: Wie entstand Ihr erster Kontakt zur Atlantis-Thematik?

Manuela Oetinger: Es gab und gibt zwei Zugänge zu diesem Komplex. Zum einen werde ich immer wieder durch persönliche Begegnungen mit Patienten in diese Zeit zurückgeführt, zum anderen ist das geistige „Erinnerungsfeld“ hinsichtlich der damaligen Ereignisse beim Untergang von Atlantis noch immer sehr stark ausgeprägt. In den feinstofflichen Bereichen zeichnen sich solche dramatischen Einschnitte stets sehr stark und über einen langen Zeitraum hinweg ab.

PM: Können Sie die Bilder, die Eindrücke beschreiben, die sich Ihnen im Zusammenhang mit dem Untergang zeigen?

MO: Das ganze Geschehen ist von furchtbarem Schmerz geprägt. Immer wieder vernehme ich die verzweifelten Schreie von Menschen - und dann kommt Wasser. Wasser, immer wieder Wasser, Wasser, Wasser. Es müssen unglaubliche Flutwellen gewesen sein. Der ganze atlantische Kontinent ist in kurzer Zeit regelrecht im Meer versunken. Sämtliche früheren Landmassen sind heute fast vollständig vom Meer bedeckt. Mit dem Versinken gingen gewaltige Erdbeben einher, die noch vor dem Untergang ungeheure Verschiebungen bei den Landmassen ausgelöst haben. Am Ende aber war wahrscheinlich die ganze riesige Insel im Meer versunken.

PM: Gab es damals Überlebende.

MO: Sicher nicht bei den unmittelbar von der Katastrophe Betroffenen, aber in der Rückschau taucht immer wieder Ägypten und Mexiko auf. Hier müssen zumindest ehemalige Atlanter gelebt haben oder jene Menschen, die aus einer gewissen Entfernung heraus dem Untergang entkommen konnten und in diesen beiden Ländern überlebt haben.

PM: Können Sie eine kurze Beschreibung der Menschen und der Lebensumstände von Atlantis geben?

MO: Die Atlanter unterschieden sich schon im Äußeren von uns. Sie kleideten sich anders als es der heutige Abendländer oder Amerikaner tut, eher ein wenig den arabischen Traditionen ähnelnd. Sie trugen ihre Kleidung nicht in der Mitte des Körpers geteilt, also geknüpft oder mit Verschlüssen verbunden, sondern sie bevorzugten Gewänder und Tücher oder auch viereckige Stoffe, mit denen sie sich behängten und umhüllten.

Das frühe Atlantis zeigt sich als wunderschönes Land mit vielen Grünflächen und reichem Pflanzen- und Baumbestand. Es hatte ein wenig von unserer Vorstellung vom „Garten Eden".

Die Atlanter waren technisch ein hochentwickeltes Volk. Sie verfügten über Maschinen, die sehr den heutigen Computern ähneln. Sie hatten Fluggeräte entwickelt, die sie zur Fortbewegung nutzten. Gleichzeitig gab es aber auch ein Straßensystem, das in seiner Bepflasterung an antike Städte erinnert.

Augenfällig war der Bau großer Pyramiden, eine Tradition, die Atlantis ganz offensichtlich an seine südamerikanischen und ägyptischen Kolonien weitergegeben hat.

PM: Wie kann man die religiöse Ausrichtung von Atlantis charakterisieren?

MO: Atlantis war eine stark von Magie geprägte Kultur! Magische Kräfte waren außerordentlich ausgeprägt, und vor allem in den Führungsschichten des Landes war die Nutzung magischer Fähigkeiten eine Selbstverständlichkeit. Die Nutzung dieser Kräfte war es aber zugleich, die eine deutliche Trennung zwischen den Herrschenden und dem Volk schufen. Der größte Teil der einfachen Bevölkerungsschichten besaß kaum Kenntnisse über die Nutzung magischer Kräfte, und so erlangten die Priester und Eingeweihten einen ausgesprochen exklusiven Sonderstatus.

PM: War der Missbrauch dieser geistigen Kräfte einer der Gründe, der zum Untergang von Atlantis führte?

MO: Er war möglicherweise ein Grund, denn die Menschen begannen in der Spätzeit von Atlantis, den eigenen Willen über den Göttlichen Willen zu setzen. Es ist eines der typischen Merkmale einer magischen Kultur, dass sie sich für groß, wichtig und nahezu allmächtig hält. Diese Verblendung musste überwunden werden - und deshalb wurde Atlantis zerstört. Nur in der Überwindung des Alten lag die Gewähr, dass es einen Neubeginn geben konnte.

PM: Welche Rolle spielen die alten Atlanter in der Gegenwart?

MO: Es sind viele Atlanter in unserer Zeit wieder inkarniert, aber gleichzeitig wirkt eine Reihe von atlantischen Seelen auch aus den inneren Welten am Aufbau eines neuen Bewusstseins mit. Sie beobachten den geistigen Fortschritt der Menschheit und stärken und inspirieren die Menschen, so weit wie es in ihren Möglichkeit steht und geistig erlaubt ist.

Ihr größtes Bestreben ist es, den Menschen davor zu bewahren, wieder in den Eigenwillen zurückzufallen und die Schöpfung eigennützig zu missbrauchen. Leider ist dies zu einem erheblichen Teil bereits wieder geschehen, aber es gibt doch noch einiges zu 'retten'.

Zusätzlich zu den älteren atlantischen Seelen haben sich auch wieder jene göttlichen Boten der Erde genähert, die schon damals aus der geistigen Welt heraus anwesend waren. Sie stehen im Kontakt mit all jenen Menschen guten Willens, die sie auch damals schon geführt und behütet haben. Der Prozess der Auflösung des alten und des Aufbaus eines neuen Bewusstseins ist noch lange nicht abgeschlossen.

PM: Sehen Sie optimistisch in die Zukunft?

MO: Ich glaube, die Menschheit hat etwas aus dem tragischen Untergang von Atlantis gelernt. In den Seelen aller ist diese Erinnerung gespeichert, und ich bin überzeugt, und dies entspricht auch meiner geistigen Wahrnehmung, dass wir am Übergang zu einer neuen, von mehr Spiritualität geprägten Zeit stehen. Atlantis ist nicht vergebens untergegangen.

NACHGEDANKEN

Atlantis, seine Kultur, sein Wissen, seine Spiritualität und sein tragisches Ende sind ohne Zweifel ein überaus faszinierendes Thema, was nicht zuletzt auch die vorstehenden Kapitel gezeigt haben. Dies alles sollte aber nicht den Blick auf die grundlegende Frage verstellen: Was bedeutet Atlantis für den Menschen am Beginn des 21. Jahrhunderts?

Die Antwort kann wahrscheinlich nur lauten: Mahnung und Ermutigung! Atlantis ging unter, weil es sich vom LICHT abwandte, weil es Macht über Demut stellte. Das Motto der späten Atlanter lautete in vielen Fällen: Mein Wille geschehe! Damit war dem Missbrauch der zahllosen spirituellen Fähigkeiten, über welche die Atlanter verfügten, Tür und Tor geöffnet. Das karmische Gesetz lässt sich jedoch nicht täuschen, und so musste das Ende der atlantischen Zivilisation schrecklich werden.

Es wird späteren Wissenden vorbehalten bleiben, herauszufinden, welche schrecklichen Kräfte wirken müssen, um solche katastrophalen Ereignisse wie den Einschlag des Planetoiden herbeizuführen, der Atlantis zerstörte. Die äußeren, astronomischen Erkenntnisse stellen nur eine

Seite des Ganzen dar. Die inneren Gesetzmäßigkeiten jedoch, welche die „Herren des Karma“ veranlassten, Atlantis dem Untergang zu weihen, entziehen sich bisher dem menschlichen Verständnis.

Wenn jedoch das Karma so überaus unbestechlich wirkt, dürfen auch jene, die damals nach dem LICHT strebten und die IHM auch heute wieder dienen, sicher sein, nicht umsonst gelebt zu haben. Auch wenn eine physische Form aufgelöst wird, so bleibt doch der GEIST lebendig und wirkt durch die Zeitalter.

Atlantis ist der Beweis dafür, dass vor Gott zehntausend Jahre wie ein Tag sind!

Anmerkungen

1 Martin Freksa, Das verlorene Atlantis, Frankfurt 1999, S.53
2 The Commentaries of Proclus on the Timaeus of Plato, by Thomas Taylor, London 1988, S.168
3 Otto H. Muck, Alles über Atlantis, Düsseldorf 1976, S.140
4 Die Mahatma-Briefe, Bd.3, Graz 1982, S.80
5 ebd., S.85 f.
6 Die Geheimlehre, Den Haag (o.J.), Bd.II, S.444 f.
7 ebd., S.805
8 ebd., S.807
9 ebd., S.816
10 W. Scott-Elliot, Atlantis, Leipzig o.J. (Nachdr. Freiburg 1977), S.44 f.
11 Rudolf Steiner, Die Geheimwissenschaft im Umriß, Dornach 1976, S.192
12 ebd., S.193
13 ebd., S.194
14 ebd., S.198
15 ebd.
16 ebd., S.198 f.
17 ebd., S.210
18 ders., Aus der Akasha-Chronik, Dornach 1975, S.20
19 ebd., S.22
20 ebd., S.22 f.
21 ebd., S.23
22 ebd., S.21
23 Robert B. Stacy-Judd, Atlantis - Mother of Empires, Santa Monica 1973, S.174
24 Scott-Elliot, a.a.O., S.17
25 Rand und Rose Flem-Ath, Atlantis - der versunkene Kontinent unter dem ewigen Eis, Hamburg 1996, S.14
26 Klaus Aschenbrenner, Das neue Bild von Atlantis, Greiz 2001, S.42
27 Charles Berlitz, Der 8.Kontinent - Wiege aller Kulturen, Hamburg 1984, S.59
28 Freksa, a.a.O., S.59
29 Andrew Collins, Neue Beweise für Atlantis, München 2001
30 Muck, a.a.O., S.336
31 Freksa, a.a.O., S.99
32 zit. nach Muck, S.272 f.
33 ebd., S.274
34 Aschenbrenner, a.a.O., S.144
35 Muck, a.a.O., S.285
36 Freksa, a.a.O., S.38
37 Aschenbrenner, a.a.O., S.139
38 Muck, 122
39 ebd., S.111
40 ebd., S.182
41 Scott-Elliot, a.a.O., S.13 f.
42 Muck, S.291
43 ebd., S.292
44 ebd., S.132 f.
45 ebd., S.135

46 Stacy-Judd, a.a.O., S.74
47 Vgl. a.a.O., S.171 ff.
48 ebd., S.182
49 Muck, S.142
50 ebd., S.230
51 Freksa, a.a.O., S.133 f.
52 Muck, S.345
53 Aschenbrenner, a.a.O., S.148
54 Freksa, a.a.O., S.90
55 Gina Cerminara, Erregende Zeugnisse von Karma und Wiedergeburt, Freiburg 1981, S.77
56 Noel Langley, Edgar Cayce on Reincarnation, New York 1975, S.135
57 Cerminara, a.a.O., S.208
58 Langley, a.a.O., S.138
59 ebd., S.137
60 Willigis, Der Alte aus Atlantis, Grafing 1991, S.39
61 ebd., S.44
62 ebd., S.58 f.
63 ebd., S.145
64 ebd., S.149
65 Vicky Wall, Aura-Soma, Freiburg 1998, S.74
66 Mike Booth, Atlantean Chants (CD), Booklet, Grafing 2000
67 Vicky Wall, a.a.O., S.103
68 Mike Booth, Das Aura-Soma-Handbuch, Grafing 2000, S.106